Autor _ Silva Alvarenga

Título _ O desertor: poema herói—cômico

Edição consultada _ *O desertor: poema herói–cômico.* Coimbra: Na real officina da Universidade, 1774.

Agradecimento _ Ao Instituto de Estudos Brasileiros

Dados _

Dados Internacionais de Catalogação na Publicação (CIP)

A47 Alvarenga, Manuel Inácio da Silva (1749–1814)
O desertor: poema herói-cômico. / Manuel Inácio da Silva Alvarenga. Organização de Clara C. Sousa Santos e Ricardo M. Valle. – São Paulo: Hedra, 2010. 148 p.

ISBN 978-85-7715-131-8

1. Literatura Brasileira. 2. Poesia. I. Título. II. Poema herói-cômico. III. Santos, Clara C. Sousa, Organizadora. IV. Valle, Ricardo M., Organizador

CDU 869.0(81
CDD 890

Elaborado por Wanda Lucia Schmidt CRB-8-1922

EDITORA HEDRA LTDA.

Endereço _ R. Fradique Coutinho, 1139 (subsolo) 05416-011 São Paulo SP Brasil

Telefone/Fax _ +55 11 3097 8304

E-mail _ editora@hedra.com.br

Site _ www.hedra.com.br

Foi feito o depósito legal.

Manuel Inácio da Silva Alvarenga (1749-1814) nasceu em Vila Rica, mas viveu a maior parte da vida no Rio de Janeiro, capital da Colônia e, a partir de 1808, sede da Corte Portuguesa. Diz-se que era pardo e de origem humilde, mas teria progredido nos estudos graças ao empenho do pai e de uma subscrição de amigos que teriam financiado sua ida ao Rio de Janeiro e depois a Coimbra, onde se tornaria amigo de Basílio da Gama, autor de *O Uraguai* (1769). Permaneceu em Portugal enquanto durou seu curso em Coimbra, entre 1773 e 1777. Voltando ao Rio de Janeiro, formado em Direito Canônico, torna-se advogado. De Dom Luís de Vasconcelos e Sousa, vice-rei e capitão-geral do Brasil, obteve uma cadeira de Retórica e Poética. Na amizade deste integra mais de uma agremiação literário-científica na capital da Colônia. Com a nomeação do Conde de Rezende, que proíbe essas associações, ganha sua inimizade. Provavelmente por fazer circular sátiras contra seu governo, é acusado de Inconfidência, perde os direitos civis e permanece preso por dois anos, mas é indultado por decreto de Dona Maria I, com o que readquire os direitos de súdito e aparentemente segue a carreira que já cursava, sempre na cidade do Rio de Janeiro. Morre em 1814, respeitado como advogado e dono de uma das maiores bibliotecas particulares do Rio de Janeiro, a qual, após a sua morte, foi comprada pelo então príncipe regente Dom João VI para a incorporá-la à Biblioteca Real, que mais tarde se tornaria a Biblioteca Nacional do Rio de Janeiro.

Autor _ Silva Alvarenga

Título _ O desertor: poema herói–cômico

Organização _ Clara S. Santos e Ricardo M. Valle

São Paulo _ 2010

hedra

O desertor: poema herói-cômico (1774) foi impresso pela Real Oficina da Universidade de Coimbra, por ordem do Marquês de Pombal, segundo informação do primeiro biógrafo de Silva Alvarenga, que o teria conhecido como seu aluno nas lições de Retórica e Poética. Quando *O desertor* sai à luz, Silva Alvarenga tinha 24 anos de idade e era aluno na Universidade recentemente reformada. Com efeito, o argumento heroico do poema é a Reforma dos Estatutos da Universidade de Coimbra, o que lhe dá sentido didático e encomiástico. Por outro lado, a dissociação deliberada entre o assunto baixo e a elocução ornada com palavras graves dignas de grandes feitos é o que fundamenta o subtítulo do poema que o enquadra num gênero misto que então já tinha modelos da poesia italiana, francesa e portuguesa que o autorizavam como tal. A fábula cômica é constituída pelas peripécias de um grupo de estudantes guiados pelo professor Tibúrcio, personificação da Ignorância, expulsa de Coimbra pelo Marquês, que restituíra a Verdade ao trono na velha instituição de ensino. Aristotelicamente fundada, a fábula é cômica, por definição, porque imita homens e ações *piores*, descreve matérias baixas e dignas de opróbrio. Assim, acumula tipos socialmente inferiores e/ou moralmente deformados, relata brigas comezinhas, com unhas e dentes, tumultos e bebedeiras, em lugar de triunfos da virtude. A comicidade do poema foi quase sempre desmerecida pela crítica literária dos séculos XIX e XX, provavelmente porque a elocução do poema é alta, imitando principalmente o estilo dos versos brancos heroicos de *O Uraguai*. Mas a graça do poema estava exatamente em narrar como grande coisa e com palavras infladas, as bravatas risíveis de personagens dignos de desprezo.

Ricardo Martins Valle é doutor em Literatura Brasileira pela USP, e professor de História Literária na Universidade Estadual do Sudoeste da Bahia, UESB, campus de Vitória da Conquista.

Clara Carolina Sousa Santos é mestranda do programa Memória: Linguagem e Sociedade na Universidade Estadual do Sudoeste da Bahia, UESB.

SUMÁRIO

INTRODUÇÃO

O desertor: poema heroi-cômico, de Manuel Inácio da Silva Alvarenga (1749–1814), foi impresso pela primeira vez em 1774, pela Real Oficina da Universidade de Coimbra.

Nascido em Vila Rica, ou em São João del Rey, sobre Manuel Inácio da Silva Alvarenga disse-se que era pardo, filho de músico, de origem pouco abastada. Conseguiu progredir nos estudos aparentemente pelo empenho do pai e de uma subscrição de amigos que teriam financiado sua ida ao Rio de Janeiro e depois a Coimbra. Em Portugal, viria a se tornar amigo de Basílio da Gama, o poeta brasileiro de *O Uraguai* (1769), protegido e secretário do Marquês de Pombal.[1] Em 1774, *O desertor* saía à luz no momento que foi provavelmente o ápice da política do já então Marquês de Pombal e quase às vésperas de sua queda repentina, em 1777, com a morte de Dom José I e a consequente ascensão de Dona Maria I.

Silva Alvarenga tinha 24 ou 25 anos e cursava o segundo ano de Direito naquela Universidade, quando, não

[1]Sebastião José de Carvalho e Mello ficou conhecido pelo último e mais alto título de nobreza que recebeu em vida, concedido por decreto real em setembro de 1769. Foi nomeado ministro de assuntos estrangeiros quando da ascensão de Dom José I, em 1750. Tornando-se ministro de Estado, recebeu foros de plenipotenciário, isto é, privilégio de exercer como primeiro ministro do Rei decisão sobre todos os assuntos do reino, com plenos poderes para representar o rei no Conselho de Estado. Em 1759, recebeu o título de Conde de Oeiras e dez anos depois o de Marquês de Pombal.

se sabe exatamente por que circunstâncias, o poema teria sido mandado imprimir por Pombal. Por esta ocasião foi reconhecido como bom poeta, e teve poesia sua integrada na pompa de inauguração da estátua equestre de Dom José I, que encerrava monumentalmente a reconstrução de Lisboa, em 1775, vinte anos após o terremoto de que até Kant falou, lá no fundo de Königsberg. É verossímil que Silva Alvarenga tenha estado na capital do Reino, mas aparentemente permaneceu em Portugal apenas enquanto durou seu curso em Coimbra, entre 1773 e 1777.

De volta ao Rio de Janeiro, como advogado formado em Direito Canônico, priva com mais de um vice-rei, alcançando a amizade de uns e a inimizade de outro. Além de ter seu nome entre os que formaram a Arcádia Ultramarina, com o nome acadêmico de Alcindo Palmireno, Alvarenga integrou mais de uma agremiação literário-científica no Rio de Janeiro. Com a amizade do Marquês de Lavradio e de seu sucessor, Dom Luís de Vasconcelos e Sousa, de Castelo-Maior, nomeado vice-rei em 1782, Silva Alvarenga assenta uma cadeira de Retórica e Poética no palácio do governador. Para já evitarmos esquematismos muito apressados, é notável que esse poeta, que surgiu tão pombalino, tenha alcançado tamanha distinção oficial junto ao vice-reinado justamente em 1782, no ano da morte do "invicto Marquês", já então exilado da Corte, depois da ascensão de Dona Maria I. Após a nomeação do Conde de Rezende, em 1790, porém, a última sociedade de que participara seria proibida, suspeita de opiniões francesas, afamada entre os antipatizantes como um "*club* de jacobinos".

Com a amizade de Dom Luís de Vasconcelos, tinha adquirido a deferência do encarregado direto do rei de Portugal. Com a inimizade do Conde de Rezende, Alvarenga perderia primeiramente as liberdades com que o antigo governador o distinguia. Vale lembrar, porém, que ao cargo de vice-rei estava institucionalmente previsto que tinha poderes para ambas as ações – distinguir sujeitos particulares com prerrogativas de encargos públicos, bem como destituí-los, conforme o seu entendimento e vontade. De forma correlata, o letrado, mesmo de origem mestiça como era o caso, estava sujeito tanto ao privilégio da distinção, como ao infortúnio da preterição por parte do superior hierárquico. De qualquer forma, o poeta em questão tinha diploma com que se pudesse distinguir, com ou sem o favorecimento direto da pessoa instituída como poder local na representação política da colônia, porque advogava e, em 1790, já adquirira fama para fazê-lo para particulares. Porém, perdendo a preferência da privança com o superior hierárquico, em pouco tempo perderia os direitos civis e, acusado de Inconfidência pela Devassa que o novo vice-rei lançara sobre ele e amigos, permanece preso por mais de dois anos, entre 1794 e 1797, quando recebe indulto por decreto de Dona Maria I. Com isso, readquire os direitos de súdito e aparentemente segue a carreira que já cursava, sempre na cidade do Rio de Janeiro, capital da principal Colônia portuguesa na América. Antes, porém, no mesmo ano de sua saída dos cárceres da Ilha das Cobras, escreve um poema aos anos da rainha.

Todos esses eventos biográficos, cabe frisar, estavam institucionalmente previstos na jurisprudência portuguesa, a qual conformava as práticas civis que encenavam os decoros da representação que soberanos e súditos deviam manter dentro da ordem do Estado. As partes e membros particulares da hierarquia estavam sempre em demanda, mas as regras de precedências das aristocracias tendiam à fixidez da *lex*, especificamente a lei do sistema jurídico português, do qual Alvarenga participava e que evidentemente conhecia como diplomado em Direito Canônico.

No século XIX, na posteridade que o mencionou, o livro de Silva Alvarenga tornou-se mais conhecido como *O desertor das letras*. Com essa forma estendida do título principal, a ele se referiu boa parte da crítica literária do século XIX, desde uma pequena nota bastante elogiosa que o escritor veneziano Adrien Balbi fez ao poeta, no segundo volume do almanaque geográfico de assuntos portugueses denominado *Ensaio estatístico sobre o Reino de Portugal e do Algarve*, impresso em 1822. O Brasil então abrigava a sede do bastante declinado império marítimo português, e por isso mesmo os poetas hoje chamados "brasileiros", como Silva Alvarenga, não figuram no livro de Balbi com a distinção que seria produzida de forma mais clara principalmente depois da obra de Ferdinand Denis, o *Resumo da história literária de Portugal, seguido do resumo da história literária do Brasil*, livro importante que, impresso em 1826, já no título ramificava uma literatura da outra. Assim, Alvarenga é referido como poeta português que nasceu e viveu no Brasil, parte importante do reino de Portugal, conforme a nota de Balbi, que não é demais transcrever inteira já que ainda não foi reproduzida na íntegra pelos críticos que a citaram:

Manuel Ignacio da Silva Alvarenga, membro da Arcádia, professor de retórica no Rio de Janeiro, onde foi considerado o melhor advogado do país. Compôs um grande número de poesias entre as quais os poemas *O desertor das letras* (*le deserteur des lettres*) e *Glaura* se destacam por um merecimento real. Suas sátiras contra os vícios, a tradução em verso português de Anacreonte, e de outras poesias [não] foram impressas. Uma bela versificação, os pensamentos verdadeiramente filosóficos e uma crítica tão fina quanto delicada se destacaram em todas as suas composições. Esse grande poeta foi também um amante muito distinto da música e teve conhecimentos raros em história natural. Ele formou em sua casa um pequeno museu e possuiu a biblioteca mais numerosa do Rio de Janeiro. Ela foi comprada aos seus herdeiros e reunida à biblioteca do rei.[2]

Suas sátiras e suas traduções de Anacreonte se tornaram célebres entre os seus biógrafos justamente por *não* terem sido impressas e terem sido assim destruídas, logo após a sua morte, por um padre franciscano inimigo do

[2]"Manoel Ignacio da Silva Alvarenga, *membre de l'Arcadia, professeur de rhétorique à Rio-Janeiro, où il passait pour le meilleur avocat du pays. Il a composé un grand nombre de poésies parmi lesquelles les poèmes O desertor das letras (le déserteur des lettres) et le Glaura se distinguent par un mérite réel. Ses satires contre les vices, la traduction en vers portugais d'Anacréon, et d'autres poésies, ont été imprimées. Une belle versification, des pensées vraiment philosophiques, et une critique aussi fine que délicate se font remarquer dans toutes ses compositions. Ce grand poète était aussi un amateur très-distingué de la musique, et avait des connaissances rares en histoire naturelle. Il s'était formé dans sa maison un petit musée, et possédait la bibliothèque la plus nombreuse de Rio-Janeiro. Elle a été achetée de ses héritiers et réunie à celle du roi.*" (*Essai statistique sur le royaume de Portugal et de l'Argarve compare aux autres États d'Europe et suivi d'un Coup d'oeil sur L'ètat actuel des sciences, des lettres et des beaux-arts parmi les Portuguais des deux hémisphères.* II. Paris, 1822, pp. 173–74.)

poeta. Com efeito, é plausível, pela própria disposição sintática do período de Balbi, que tenha faltado a negação no sintagma "*ont été imprimées*". Seja como for, com essa nota, cujas informações parecem ter sido coletadas com alguma precisão em 1820, seis anos após a morte de Silva Alvarenga, iniciou-se a fortuna crítica do poeta ao menos como autor do poema heroi-cômico que aqui reeditamos.

Com ela, iniciava-se também a invenção da sua personalidade literária conveniente aos projetos nacionais e nacionalistas de constituição de uma literatura brasileira do período colonial que mantivesse com a nova atualidade do Império do Brasil após a Independência uma relação umbilical, ou germinal, na justificativa de uma autonomia progressiva e crescente de um "Espírito nacional". Vale frisar que esse "marco inicial" da fortuna crítica do poema não era um texto de crítica ou história literária, mas apenas um item no longo apêndice do compêndio geográfico de Balbi. O franco-veneziano, escrevendo antes da Independência do Brasil, ainda denominava o reino de Dom João VI pela fórmula da dupla coroa portuguesa – Portugal e Algarve –, que foi como oficialmente se designou o reino desde os séculos XII e XIII, quando Portugal conquistara o *ocidente* da Andaluzia.

Como se tratasse de um livro de atualidades, Balbi faz notas breves como esta para quase todos os assim chamados árcades portugueses, entre outros poetas, teólogos e oradores que tivessem alcançado algum renome naquele tempo, sendo significativamente mais extensa sua nota sobre Bocage, "*le premier des poètes portugais modernes*". Não deixa de assinalar com asterisco por exemplo a nota sobre Tomás Antônio Gonzaga, não mencionando, porém, qualquer relação dele com o Brasil, senão que morreu exilado em Angola e que os poemas de *Marília de Dirceu* estavam traduzidos em várias línguas. Entre ambos, em meio a tantos outros exemplos, o geógrafo não faz distinção de nacionalidade literária, como até hoje se dividem "literatura portuguesa" e "brasileira".

Mas, como ficou dito, o breve texto de Balbi sobre Silva Alvarenga é bem informado a respeito do poeta, mencionando até a transferência de sua biblioteca pelos seus herdeiros para a Biblioteca Real, após a sua morte, o que historicamente se demonstrou, no particular, pelas cartas e ofícios que Joaquim Norberto encontrou e transcreveu, em nota, na sua edição das *Obras poéticas de Manuel Inácio da Silva Alvarenga*. Não deveria surpreender esse detalhe. Tanto a proximidade de sua morte em relação à viagem de Balbi a Portugal, quanto a provável importância que tomou o seu nome no fim da vida, uma vez que Alvarenga residisse desde muito naquela corte recentemente transferida, são causas possíveis para essa relativa atenção de Adrien Balbi. De uma forma ou de outra, como doutor em leis, poeta já distinguido pelos maiores de Portugal décadas antes, preso e absolvido sem pecha, o nome de Alvarenga, em 1820, era já distinto como de varão ao menos notável; e logo seria ilustre, pela fama dos feitos em letras para a municipalidade que improvisadamente abrigara a Corte de Dom João VI e posteriormente para a nacionalidade póstera que o reivindicaria para si.

Balbi considerava em seu *Ensaio estatístico* o estado atual das ciências, das letras e das belas-artes entre os Portugueses dos dois hemisférios. Neste início do século XIX, no auge da ideologia do progresso industrial pelo domínio das ciências da natureza, o louvor do poeta advogado, formado em Direito Canônico na Universidade de Coimbra, produzia a personagem como um livre-pensador segundo modelos iluministas. Daí que supostamente ele fosse um colecionista privado, sabedor de música, de história natural e de cultura antiga, com "pensamentos verdadeiramente filosóficos". E é possível que soubesse mesmo o seu tanto de coisas nesses específicos, menos por que fosse um iluminista e mais provavelmente por que esses saberes fossem voga no tempo em que exerceu os ofícios das letras. Em meio às observações de Balbi a respeito do desenvolvimento da hidráulica, da engenharia naval ou das ciências agrárias em Portugal, tais atributos de Silva Alvarenga conferem interesse e importância a esse poeta, mas não mais do que como que por um golpe de vista. A rigor, as citações de Lineu e de Marcgrave que se leem nas notas que o poeta faz a *O desertor* não o tornam mais parecido com Alexander von Humboldt, ou a outros naturalistas do século XIX. Principalmente, isso não lhe retira os pressupostos teológico-políticos do Direito Canônico, que foi a alta ciência que o fez certamente distinto como homem de leis, tanto no tempo em que o Rio de Janeiro foi vice--reinado, como quando passa a ser a sede da Monarquia lusitana. O ter escrito sátiras ou um poema de caráter misto também não supõe autonomia literária ou liberdade intelectual, porque escreve como vassalo fiel aos pés do trono e do conselho do Estado, porque sem tal lealdade não teria participado das festas em torno da estátua equestre, nem, de volta à colônia, teria se tornado lente de retórica, assentado pelo vice-rei, para a utilidade e deleite das ciências e das artes na capital da colônia.

O cônego Januário da Cunha Barbosa (1780–1846), que primeiro escreveu a *vida* do poeta e teria privado com ele no Rio de Janeiro da corte portuguesa de Dom João VI e Dona Maria I, foi membro fundador e primeiro sócio subscrito do Instituto Histórico e Geográfico Brasileiro, além de autor de seus primeiros estatutos. Conforme Joaquim Norberto, Cunha Barbosa foi "dedicado e agradecido discípulo" de Silva Alvarenga nas aulas de Retórica e Poética que lecionou por mandado do governador Dom Luís de Vasconcelos e Sousa, desde o final do século XVIII. Depois de receber o indulto de Dona Maria I, aparentemente Alvarenga retornou a essas lições de retórica, tornadas célebres entre os círculos letrados do Império do Brasil, quando talvez Cunha Barbosa tenha tomado lições, porque antes não teria idade para isso.

Já no século XIX, o famoso cônego pode ter sido aluno do autor de *O desertor*, assim como outros oradores no Império do Brasil, como Monte Alverne e São Carlos. Contudo, Cunha Barbosa na vida de Silva Alvarenga desvia em quase vinte anos a idade do poeta no tempo de sua morte, dizendo que faleceu com quase oitenta anos. Joaquim Norberto publicou documentação sobre isso na referida edição das *Obras poéticas*, de 1864, o que, de certa maneira, colocava em dúvida a prova testemunhal alegada pela relação mestre/discípulo que o poeta e o cônego teriam firmado, embora o mesmo Norberto tenha reposto a autoridade dessa informação, obtida por sua vez na relação também pessoal que teve com o cônego quando foi bibliotecário submetido às suas ordens.

Segundo Januário da Cunha Barbosa, Silva Alvarenga não tinha o poema por acabado quando este foi impresso por ordem do ministro plenipotenciário de Dom José I. Assim, desde as palavras de Cunha Barbosa, no terceiro número da Revista trimestral do Instituto Histórico e Geográfico Brasileiro – "o poema heroi-cômico intitulado o *Desertor das letras*, que por ordem do Marquês fora impresso contra a vontade de seu autor, porque ainda o não havia suficientemente corrigido, deram-lhe créditos de literato e o descobriram distinto poeta" –, muitos compêndios de literatura e ensaios críticos sobre o poema reafirmaram essa mesma informação como um dado objetivo, sem considerar, por exemplo, a impropriedade política das mesmas palavras que, a rigor, opunham a vontade do súdito e a ordem do senhor, que evidentemente não estavam e não poderiam estar em conflito; ao menos não sem severas consequências.

É certo que a vontade nada poderia contra a ordem, porque vivia-se sob os princípios da *monarquia absolutista*, e debaixo da *ditadura pombalina*, que foi como o historiador inglês Charles Boxer caracterizou os modos hipercentralizadores desse ministro de Estado plenipotenciário que, por quase trinta anos, exerceu poder muito direto sobre as decisões mais gerais e mais particulares do reino. Mesmo assim, desde Januário da Cunha Barbosa, a crítica literária tem frisado que o poema foi impresso por ordem do ministro e contra a vontade do autor, mas nada há de particularmente conclusivo em relação a isso, além do testemunho do próprio Cunha Barbosa, que já no século XIX foi corrigido em relação a várias particularidades, o que obriga a relativizar o crédito dado à informação supostamente direta. Esse testemunho ainda assim foi transformado em "informação" biobibliográfica, pela crítica e pela historiografia literária, empenhadas desde a Independência em constituir, corrigir e enaltecer o cânone literário do Brasil no período colonial.

Com efeito, mesmo na hipótese de que pessoalmente Silva Alvarenga o tivesse confessado a seus alunos de Retórica e Poética, não se pode deixar de considerar que se trate de um velho lugar comum os autores alegarem que tornaram pública certa obra apenas por *força maior* e acrescentarem ter ficado, por isso, incompleto o trabalho da própria arte. Com isso, visam a captar a benevolência do público em geral e a atenuar as possíveis falhas na aplicação dos preceitos, defendendo-se da mordacidade da crítica dos mais doutos. Articulações de sentido como essa abundaram em prólogos, proêmios e cartas dedicatórias, mesmo em obras acabadíssimas, e não representaram necessariamente qualquer sinceridade afetiva, nem humildade de artista, nem muito menos consciência crítica ou autocrítica.

A positivação desse testemunho parece ter sido um meio de a crítica literária brasileira justificar a perda de eficácia poética deste poema, sobretudo nos últimos cantos, que parecem se arrastar numa elocução excessivamente prosaica muitas vezes, depois de cantos iniciais razoavelmente bons. Com efeito, dentro das convenções do gênero misto em que o poema é declaradamente escrito, ao menos os primeiros cantos devem ter tido razoável eficácia cômica pela dissociação deliberada entre o *estilo alto*, que emula poemas heroicos como *O Uraguai* e *Os lusíadas*, e a *matéria baixa*, que imita tipos sórdidos e feitos indignos próprios da sátira e da comédia, exemplos viciosos que a moralidade do poema ensina para corrigir os vícios pelo vexame. Assim, os tipos poderiam ser imitados da *Natureza* – entendida como *natureza das coisas* e, neste específico, como as diversidades qualificáveis da *natureza humana* –, imitando assim os engenhos (*ingenii*) dos homens particulares tipificados conforme o hábito, o estado, a virtude etc., ou então poderiam ser imitados de tradições cômicas gregas, romanas, italianas, francesas, portuguesas, que já tinham estilizadas e classificadas vastas galerias de tipos, as quais constituíam repositórios para a representação ficcional de gênero baixo, mesmo dentro de moralidades e de circunstâncias políticas tão diversas.

Assim, o poema, cuja comicidade foi sempre posta entre aspas pela crítica literária dos séculos XIX e XX, tinha como tema heroico a ação do Marquês de Pombal sobre o ensino na Universidade, mas relatava as ações vis de Gonçalo, o jovem estudante que desertou da carreira das letras para ingloriamente retornar à província de onde saíra, agora mais obscuro do que antes. Por fraqueza de ânimo, abandonaria os estudos movido pela Ignorância, que não tinha mais lugar em Coimbra desde que o Marquês reformara os estatutos da Universidade, ação alta que dava o fundamento histórico ao poema e o encomendava nas mais altas esferas do Império marítimo dos reis de Portugal e do Algarve.

Nos primeiros anos de seu governo, ainda Sebastião José de Carvalho e Melo não era nem conde nem marquês. De embaixador por muitos anos na Inglaterra e depois na Áustria, onde se casa com a prima da rainha de Portugal, é nomeado ministro dos negócios estrangeiros, em 1750. Com o terremoto de Lisboa, em 1755, torna-se a figura política mais poderosa no reino, abaixo do rei. Com o atentado a Dom José I em 1758, seguido da rápida punição aos acusados, consolida sua vitória contra as facções da nobreza antiga que faziam oposição a seu gabinete. Os dois eventos graves alavancaram e consolidaram os êxitos do ministro de Estado perante o rei e o reino, levando-o à vitória em face dos seus principais inimigos: de um lado, a parte da velha nobreza que o via com desconfiança desde a sua nomeação; de outro, os padres da Companhia de Jesus, que por decreto real foram expulsos de todos os domínios do reino em 1759, ano em que o ministro de Estado é distinguido pelo título de Conde de Oeiras. Neste mesmo ano, mais de uma década antes da Reforma da Universidade, a estrondosa expulsão dos jesuítas já resultaria numa primeira reordenação do ensino, uma vez que a Companhia de Jesus dominava a educação básica em todas as possessões da Coroa Portuguesa.

O poema se inicia com a invocação, pedindo à Musa que auxilie o poeta a cantar com engenho e arte o desertor da Universidade que, ao lado de seus companheiros de vícios, guiados pela Ignorância, retorna em viagem à província natal, onde sem vencer nos estudos é recebido com ira pelo tio, no final das duras e tumultuosas jornadas, que imitavam, em gênero baixo, epopeias de viagem como a *Odisseia*, a *Eneida* e *Os lusíadas*. Em sua disposição retórica, o argumento da fábula é apresentado ao mesmo tempo em que se faz a invocação.

> Musas, cantai o desertor das letras
> Que, depois dos estragos da Ignorância,
> Por longos e duríssimos trabalhos,
> Conduziu sempre firme os companheiros

Desde o loiro Mondego aos Pátrios montes.
Em vão se opõem as luzes da Verdade
Ao fim que já na ideia tem proposto
E em vão do Tio as iras o ameaçam.

Junto à invocação já se propõe a matéria heroi-cômica dos cantos: a renúncia de Gonçalo aos livros e as causas de seu retorno à obscuridade em Mioselha. Na sequência, inicia-se a dedicatória como em *Os lusíadas*, referindo o homenageado por perífrases, sem nomeá-lo diretamente. Aquele engenho que, amparado pela mão benigna do rei, alimentava as doces artes poderia ser Pombal, mas era mais provavelmente o reitor reformador, Dom Francisco de Lemos, que, amparado pela mão do ministro, é o "prelado ilustre" a quem alusivamente se incumbe a proteção dos versos e que no final do poema aparece esmagando o monstro da Ignorância ao pé do trono. Nos versos dedicatórios iniciais, é a esse prelado ilustre que se perguntam as causas da deserção das letras, já que o bispo fidalgo nascido no Brasil, além de reitor reformador da Universidade no tempo da Reforma, é um dos autores pombalinos que redigem o *Compendio histórico do estado da Universidade de Coimbra no tempo da invasão dos denominados jesuítas e dos estragos feitos nas ciências e nos professores.*

O jovem Gonçalo derroca na vida por muitas causas específicas que particularizam o seu caso, mas a moralidade das causas encenadas no enredo é, por necessidade, geral. Assim, sua ruína, que já havia começado quando pela primeira vez não acordou para as aulas, se precipitaria irrefreavelmente ao decidir deixar a Universidade que se reformava. É também causa específica de sua precipitação o ser pouco avisado dos riscos dos comprometimentos da vida prática e, somado a isso, ser inexperto nos assuntos de amor. Mantém sem a permissão do tio uma prometida noiva Narcisa, o que demonstra sua inadvertência; e, na hora de partir, empenha uma bolsa de dinheiro como fraco compromisso, o que é fruto de sua inexperiência.

Com este último gesto, na sequência do enredo convence imediatamente a precária noiva, que se fingia desesperada e, assim pintada, representava-se como uma oportunista filha de outra. Ambas, mãe e filha, são tipificadas na vida estudantil como outras tantas inimigas do bom estudo, desencaminhadoras de jovens de letras, vivendo dos presentes e do dinheiro dos estudantes, mormente os que vêm das mais distantes e das mais próximas províncias do reino. Mas Tibúrcio, experiente, lembrando antigos perrengues de viagem, primeiro tenta convencer o herói de que deva levar consigo o dinheiro, depois remete a decisão ao próprio braço, usando a força contra a mulher, que por seu lado recontava o dinheiro muitas vezes.

Ainda que fruto da inexperiência mal advertida desse herói, que, empenhando a bolsa, até poderia demonstrar alguma altivez de caráter, vale lembrar que na baixeza geral da coisa que se narra, seu gesto visava a atingir a venalidade da personagem feminina, coerentemente encenada recontando o dinheiro e batendo-se por ele. Num universo jurídico em que a distribuição da justiça é herança paterna e materna, segundo os direitos do reino, é significativo que, no momento em que deserta da vida de estudante, Gonçalo diga à sua amante de juvenilidade que só vai à província para receber uma herança que lhe teria deixado um parente. A mentira do herói na fábula baixa é cunhada, pois, sobre prerrogativas, formas de representação, leis, costumes, etiquetas e hábitos jurídicos e políticos que então eram fixados pelas hierarquias das coisas e dos homens.

Entre as coisas políticas que o poema ensina, dever-se-ia entender com juízo que o longo caminho de uma família súdita, por exemplo, ou mais ou menos bem sucedida segundo a tradição familiar, podia ser posto a perder pela vida desordenada de um único herdeiro. É essa condição civil o que faz de Gonçalo o herói dessa anti-épica. Acresce que ele é, entre os seus, o mais forte e promissor na expedição de indisciplinados; sendo, por isso, o melhor exemplo do pior, para assim ensinar os maus efeitos da má conduta nos estudos. Do alto e belo rapaz certamente a tradição familiar esperava grandes feitos, porque é sempre melhor ser e andar vistoso para as virtudes políticas da representação hierárquica. No entanto, o vistoso rapaz volta humilhado para a vara do tio, que, como autoridade familiar, o aconselha e o espanca até que espume em sangue. Assim, entre aconselhamentos mais ou menos virtuosos, e espancamentos sempre muito violentos, e mais ou menos justos, são basicamente armadas as peripécias que a torto e a direito terminam em pragmatografias de tumultos, não de grandes combates. Como Gonçalo e seus companheiros, Aquiles se desavem com Agamémnon e os demais guerreiros. Na *Ilíada*, Aquiles também remete a decisão ao próprio braço contra Agamémnon dentro do conselho dos reis. Mas, sob entusiasmo, seu punho é interceptado pela mãe, a deusa Tétis, que pondera e o faz decidir melhor. Coloca o moço no colo e lhe promete como mimo um tanto de desastres para os gregos que, por isso, quase tiveram seus barcos queimados pelos troianos. Sem presença divina de nenhuma espécie, a ignorância de Tibúrcio parte para cima de Narcisa, provocando o tumulto que faria o forte, belo e promissor advogado e recém desertor das letras perder parte dos dentes.

A elocução do poema é alta, imitando principalmente os versos brancos heroicos de *O Uraguai*, já então tornado célebre pela proteção do ministro de Estado. Essa dicção elevada – que, nos melhores momentos, também pode fazer lembrar parodicamente *Os lusíadas* – é provavelmente a causa da opinião desfavorável da crítica dos séculos XIX e XX que desmereceu o caráter "humorístico" esperado desta anti-épica, que frustra o leitor anacrônico do século XIX que teve outros modos de pensar, tanto o chiste e a piada, como os discursos de intenção didática, lidos em jornais ou em circulações acadêmicas do novo Império do Brasil. O poema não integrava uma instituição liberal, mas, sim, o corpo político da leal sujeição de Sua Alteza Real, o Augustíssimo e Sereníssimo Rei Dom José I. Numa classe de homens letrados, sujeitos às ordens das aristocracias, nova e velhamente inscritas nos livros do Reino, é preciso pensar que talvez a graça, maior ou menor, deve ter havido.

O cômico estava fundado, de saída, na representação de distinções ajustadas entre *melhores* e *piores*, que é como então se operavam as *Políticas* e as *Éticas* de Aristóteles, tanto quanto as suas artes *Retórica* e *Poética*. A fábula cômica domina a ação do poema, e é constituída pelas peripécias de um grupo de estudantes guiados por Tibúrcio, personificação da Ignorância. Mesmo que não se veja graça em mais quase nada neste poema estudantil, a fábula é aristotelicamente cômica, isto é, imita os piores, descreve matéria baixa, digna de opróbrio. Cômica por definição: não faltam o acumulado de tipos socialmente inferiores ou moralmente deformados, no lugar de heróis dignos da epopeia; a sucessão de cenas de brigas comezinhas, com unhas e dentes, ou cheias de vilania, como a luta de três homens contra uma mulher, em lugar de lutas famosas entre grandes guerreiros e senhores de homens; daí os tumultos, em lugar de batalhas; e as bebedeiras, em lugar de triunfos e banquetes em que se honrassem as vitórias da virtude. A virtude, contudo, era o fim a que deviam mover tanto a poesia heroica quanto a cômica, com a diferença de que esta imitava antes de tudo os vícios para que se pudesse fugir deles e aquela imitava principalmente as virtudes para que se as perseguissem.

Neste sentido, no poema heroi-cômico de Silva Alvarenga, a inglória viagem de Gonçalo, Tibúrcio e sua trupe lastimável de maus alunos é uma fábula cômica narrada como se fosse coisa heroica. Com a entrada do ministro em Coimbra, a Ignorância é expulsa e com ela todos os que viviam sob a falta de polícia nos estudos. Neste sentido, a ação burlesca é movida pela ação heroica do Marquês e do seu prelado, o reitor reformador, também nascido no Brasil, homenageados ambos no poema. Por um antigo lugar comum, o efeito da ação alta sobre a baixa poderia traduzir-se como a luz que, tão logo acesa, faz esconder-se a escuridão detrás dos móveis e objetos postos às claras. Dessa forma, os seguidores da Ignorância fogem da cidade e das ciências, para buscar a província, sem merecimento de fama para prosseguir na carreira com distinção e louvor.

A escuridão reduzida às fendas e arestas mostra-se, assim, por contraste, mais escura na claridade do que nas trevas.

> Os que aprendem o nome dos autores,
> Os que leem só o prólogo dos livros,
> E aqueles cujo sono não perturba
> O côncavo metal que as horas conta,
> Seguiram as bandeiras da ignorância
> Nos incríveis trabalhos desta empresa.

Um é bruto, outro é apaixonado, outro é afidalgado, outro é furioso, outro é dançarino, outro é um experto vendedor de objetos usados, que de mau estudante foi se deixando ficar em Coimbra como um desencaminhador de jovens estudantes. No catálogo dos heróis, no início do canto II, apresentam-se, além de Tibúrcio e Gonçalo, os companheiros Cosme, Rodrigo, Bertoldo, Gaspar e Alberto, cada qual segundo seu caráter constituindo um tipo, um vício, uma paixão, um desvio de conduta, que os rebaixam nas hierarquias do mérito, codificadas nas disciplinas morais lidas com Aristóteles e com Salomão, com Platão e São João Evangelista. Aqueles que não se levantavam ao sino, nem para a aula, nem para a missa, e que retinham dos livros apenas o necessário para o fingimento desonesto, os argumentos dos prólogos e o nome dos autores, todos esses com todos os seus tipos, retornam obscuros para a própria província tendo perdido os cabedais familiares com a vida devassa.

Assim, o retorno à província – a fictícia Mioselha na fábula do poema, rica em queijos e tremoços, como a louva a Ignorância, pela voz de Tibúrcio – não representa qualquer elogio do campo, remanso da virtude, remédio para os vícios. Longe de ser um louvor da vida retirada, propícia ao bom ócio estudioso e ao feliz desengano das vaidades das Cortes e grandes cidades – como se lê nas tópicas do *menosprezo da corte e elogio de aldeia*, muito recorrentes na poesia pastoril que vogou no século XVIII (e não só nele) –, a buscada vida na aldeia é aí mais propriamente um emblema da fuga para a obscuridade, antiprêmio dado ao herói por sua fraca perseverança nos estudos. A causa próxima e geral do retorno de Gonçalo e de todos os demais maus alunos foi a restituição da luminosa Verdade, como se viu, alegoricamente recolocada no trono naquela corte das *scientiae*, por intermédio da ação divina e histórica dos heróis verdadeiros do poema: Sebastião José de Carvalho e Melo, o "invicto Marquês", que se lê no início da narração, no canto I, entrando triunfalmente em Coimbra como restaurador das letras, e Francisco de Lemos, o "Prelado fomidável", de quem se queixa a Ignorância ao ver os eventos que representam no poema o fim de seu império em Coimbra. Gonçalo volta à pátria Mioselha, abandonando os amores de Narcisa e a leitura de romances vulgares. Agora fora definitivamente impedido de prosseguir sem esforço nos estudos, graças à reforma da Universidade, assinados os novos *Estatutos da Universidade de Coimbra compilados debaixo da imediata e suprema inspecção de El-Rei D. José, nosso Senhor, pela Junta de Providência Literária, criada pelo mesmo senhor, para a restauração das ciências e artes liberais nestes reinos e todos os seus domínios*.

O efeito cômico deveria estar em narrar como se fosse grande coisa, e com palavras infladas, as bravatas irrisórias e os ânimos mesquinhos das personagens da trama, pela dissociação entre o baixo da invenção da matéria e o alto da elocução ornada com palavras graves dignas de grandes feitos. O vitupério se justifica como eficácia didática que exorta à virtude, uma vez que representa as coisas dignas de vergonha com as mesmas palavras e proporcionais figuras com que se louvam os grandes feitos. É por isso análoga da epopeia, mas inverte o valor das matérias, das ações, dos exemplos, dos caracteres dos heróis, trocando a lâmina do melhor metal herdado na paternidade das armas por paus e pedras que se tomam da beira das ruas, entre gente sem herança. Ao contraste do melhor humilha-se o pior. Esse efeito deveria produzir o discernimento do certo e do errado, finalidade do *movere* que o poema encena, como moralidade que deve instruir e convencer o entendimento do leitor, que rindo deleita-se, e deleitando-se aprende o mau exemplo que se deve evitar.

Em sua disposição retórica, após a invocação, a proposição e a dedicatória, inicia-se a narração (*narratio*) como um *epibatérion*, isto é, um discurso laudatório sobre a entrada triunfal do Marquês de Pombal em Coimbra para restaurar os Estatutos da Universidade. Louvam-se a chegada e os feitos do Marquês, encomiando-o a partir da exposição das boas qualidades das ciências que o acompanham para alegoricamente restaurar os princípios da Verdade que deveriam nela reinar. Por ser retórica em sua invenção (*inventio*), a descrição das matérias – sejam os homens em ação (*pragmatografias*), sejam o caráter e o costume deles (*etopeias*), sejam as cidades e lugares (*corografias*), entre outras, seguem ordenamentos previstos na execução do discurso –, é produzida como quadros verbais que retoricamente louvam ou vituperam seu objeto, segundo as convenções da descrição (*ecfrasis*). Seja a descrição de feitos dignos de memória, seja a descrição de coisas torpes e infames, conforme os preceitos, as palavras devem pintar na fantasia com vivas cores, de modo a tornar vívidos para o leitor os episódios narrados na invenção da fábula. Por isso, quando Tibúrcio fala de Mioselha, a partir do lugar comum do elogio da aldeia revertido pelo caráter cômico da invenção, sabe-se que o poeta pode lançar mão da origem da cidade, da antiguidade dela, da situação atual, das realizações virtuosas de seus varões ilustres, do esplendor da paisagem e do clima, da fertilidade do solo, da alegria dos viventes, das comidas saborosas que os aguardam etc. Como nesta moral os maus estudantes são desviados do bom caminho pelos gostos mais baixos, não é decerto casual que, além das festas de romaria, seja a abundância de queijos e mais víveres que componha o argumento de Tibúrcio para persuadir Gonçalo da felicidade que encontraria na província, longe do peso dos estudos.

Assim, procedimentos previstos moderam os efeitos gerais das representações poéticas. As descrições dos tipos, das cidades, dos combates, dos enganos e desenganos consideram seres particulares conforme sistemas gerais e específicos de classificação dos seres. Num sistema que, sendo retórico, devia tornar os ouvintes dóceis e atentos ao dizer, a personificação dos hábitos dos companheiros que seguem os enganos da Ignorância é inscrita em regras de representação compartilhadas pelo leitor presumido, o que auxiliava a produção do artifício, como uma máquina discursiva em que os versos deveriam formar uma unidade para o entendimento dos leitores que ali reconhecem costumes políticos e poéticos da representação. Assim, as personagens são tipos, não representam individualidades psicológicas. Por isso, o catálogo, ou enumeração, das figuras justapõem as representações individuais sem que os caracteres de uns e de outros sejam comparados entre si. Por isso também, cada episódio contém uma unidade que lhe é própria, geral e particularmente, sem ter com o todo da trama, que é uma ação bastante simples, mais relação de necessidade do que a disposição funcional dos encadeamentos básicos entre um evento e outro. Assim é que, no canto III, é introduzido uma personagem nova, Rufino, apenas porque é amante da filha do carcereiro, ao mesmo tempo que a Ignorância alegorizada via que os desertores, seus últimos súditos, estavam perdidos nas montanhas e em pouco tempo acabariam presos pela multidão de que fugiam, furiosa pelos maus feitos que no regresso aqueles estudantes já tinham deixado pelo caminho.

Como é um poema anterior ao romantismo e à constituição da literatura como mercado editorial, o poema talvez nem devesse passar por "apreciações estéticas" no "crivo" da crítica literária. Neste fim do século XVIII português em que se formou o poeta, mesmo no fogo cruzado das reformas pombalinas, "crítica" talvez devesse ser entendida como o uso do juízo segundo as leis naturais de Deus e segundo as leis positivas e os costumes dos homens, conforme os direitos de cada Estado político. No tempo da Real Mesa Censória, que desde 1768 unificava as mesas eclesiásticas e a mesa civil em Portugal, não poderia haver jornalismo de profissão, muito menos exercício de "crítica literária" no sentido moderno, no qual a livre iniciativa individual se entendesse intelectualmente apta para avaliar as obras de Poesia pressupondo a autonomia delas. Antes da formação da noção de literatura como campo autonomizado e antes da instituição das artes como exercício da livre reflexão do juízo subjetivo mais ou menos consciente de realidades sociais que a subjetividade autonomizada hoje julga poder imprimir e exprimir como arte, "crítica" era o ato de uma faculdade da alma cujo fim era discernir o acerto do erro, o justo do injusto, o belo do feio, e assim por diante.[3] Especificamente "crítica literária", só poderia ser entendida como a *crisis*, isto é, o exercício do *entendimento* (ou *intellectum*) – a mais alta faculdade inculcada por Deus na alma humana – sobre as "coisas das letras" (*litteratura*), dentro das instituições poéticas e oratórias que o uso ordenava conforme a fins que não seriam jamais fechados na contemplação da própria arte.[4] Para o século em que sai *O desertor*, tanto os poemas mais obviamente *didáticos* quanto os poemas mais aparentemente *fúteis* (dois adjetivos que seriam usados para caracterizar o poema heroi-cômico) tiveram fins morais e políticos que excediam as bordas imaginárias da própria

[3]Essas outras formas com que se definiu a palavra "crítica", não pressupunham o uso kantiano que a reinstauraria sem teologia para outras formas de compreender a alma ou os limites do conhecimento humano, nem poderiam supor os usos marxistas e positivistas em cujo discurso provavelmente se cunhou a acepção mais corrente atual, em enunciados que, no âmbito da crítica literária, por exemplo passaram a inferir "crítica social" em textos alegórico-devocionais ou satíricos de Gil Vicente a Gregório de Matos, para só citar os mais próximos e conhecidos hoje.

[4]São inumeráveis os desenvolvimentos da opinião kantiana acerca da definição das belas artes na *Crítica do juízo*, como aquelas em que o fim não se encontra fora dela mesma.

arte. Mas tratava-se de fins constituídos por princípios que a própria arte, como técnica, definia para si, segundo a tópica horaciana segundo a qual o melhor poeta será aquele que ao agradável unir o útil, de modo que ensine e deleite ao mesmo tempo.

O poema heroi-cômico não é uma reação à poesia épica e cavalheiresca, como já se disse na crítica literária que falou deste poema. Ao contrário, vai no mesmo sentido destas, ainda que seja uma espécie de poesia *menor*, por definição. Não obstante, exorta à virtude fazendo falar a Verdade. No poema de Silva Alvarenga, a Verdade fala, literalmente, na forma de uma alegoria sonhada como num afresco que imitasse um episódio mítico grego. Como define o próprio poeta no "Discurso sobre o poema heroi-cômico" que introduz *O desertor*, trata-se de narrar heroicamente eventos cômicos, o que realça a baixeza das ações. Em suas palavras, "o poema chamado heroi-cômico [...] é a imitação de uma ação cômica heroicamente tratada." No seu poema, a celebridade da fama que a poesia heroica cantava é contrastada com a irrisão da fuga indigna para o ostracismo, como se a moral da história assim ensinasse, sacudindo o dedo com um irônico *memento*: lembre-se, homem, os *grandes* cantos que se farão a respeito de sua má inclinação na vida, trocando a fama por infâmia, a dignidade por indignação, a memória pelo desprezo da posteridade. A fábula heroicamente escrita faz os que perseguiam os maus costumes lembrarem-se de que não haveria menção de sua vida nem mesmo na posteridade da família.

A obscuridade na carreira e o esquecimento da posteridade são o que a fábula cômica ameaça ao mau letrado, a quem a História não irá assinalar como varão, nem deles se escreveriam *vidas* a inventar os pormenores do verossímil particular, que constituiriam a posteridade de sua fama, nem os encômios iriam comemorar o monumento e o documento de suas obras; muito menos irão tornar-se modelos imitáveis de alguma coisa, ou suas palavras continuarão a mover as gerações após a sua morte. Homens letrados como Vieira e Gracián provavelmente cursaram a carreira sob o *desejo*, digamos assim, desta última possibilidade; talvez também um advogado e diz-que excelente poeta, Gregório de Matos e Guerra, é provável que tenha sido parcialmente salvo da obscuridade, graças às *vidas* que dele deixaram, provavelmente não sem interesse, algumas tradições de compiladores, que as inventaram segundo a convenção do gênero. Silva Alvarenga participa de um sistema meritório mais ou menos codificado assim ainda, com algumas particularidades, pois é bom lembrar que Pombal nos anos de 1750, em nome da povoação dos domínios da cristandade portuguesa, dera altura de português em quase tudo a colonos de comprovada utilidade nos serviços de Sua Alteza Real, confirmados na lealdade da Monarquia Lusitana e da Santa Fé Católica. Além disso, encoraja as uniões matrimoniais entre colonos e libertas convertidas, em nome do universalismo cristão que o reino constituía como positivação política. Na condição política de filho de africanos, como quiseram alguns, ou mais provavelmente de indígenas americanos por parte de mãe, ser advogado é decerto uma possibilidade jurídica recente para a família que alcançou colocar Silva Alvarenga na Universidade de Coimbra, por exemplo.

Nas duas edições impressas em vida do autor (1774 e provavelmente 1788), o poema de Silva Alvarenga saiu com o título composto *O desertor: poema herói-cômico.* Contudo, foi comumente referido como *O desertor das Letras*, desde Balbi, talvez porque assim se declarasse mais especificamente o argumento do poema, talvez porque assim tivesse soado bem. Mas certamente, para um poema heroi-cômico, *O desertor* é um título suficiente para declarar o seu teor, pela natureza do desvio que o sentido bélico do termo já representa. De qualquer maneira, a fórmula *o desertor das letras*, que quase se tornou mais conhecida que o título original, foi retirada do primeiro verso do poema. Ali, como se viu, o poeta invoca a Musa e já enuncia a matéria do poema – "Musa, cantai o desertor das letras" – seguindo daí em elocução camoniana a súmula dos principais sucessos do anti-herói que protagoniza a narrativa. A elocução é alta e grave como n'*Os lusíadas*, mas em tom paródico, uma vez que a gravidade da dicção não corresponde decididamente à baixeza da matéria, cuja depreciação só a palavra *desertor* já bastaria para declarar. No primeiro verso da *Ilíada* – "Canta-me, ó Deusa, a ira funesta de Aquiles Pelida" –, o poeta pede à divindade que inspire o canto e imediatamente propõe a matéria do poema nomeando o herói (Aquiles), sua ascendência (filho de Peleu) e a paixão que o tipifica na qualidade de bravo guerreiro, sendo o destempero de sua ira a causa dos maiores danos ocorridos em Troia.

Neste sentido, pela inversão paródica, o primeiro verso de *O desertor* emula a primeira autoridade grega da poesia narrativa (diegética) de matéria heroica, a epopeia; mas não declara de imediato o nome do herói infame. Na maior parte das doutrinas épicas que até o século XVIII tiveram circulação, a epopeia devia imortalizar o nome dos heróis, tornando duradoura a sua *kléos*, isto é, a sua *fama*, juntamente com a de seus pais e de seus filhos. Em perspectivas cristãs europeias, que supunham por exemplo a guerra justa, e em perspectivas monárquicas e aristocráticas, que ordenavam o Estado sob parâmetros da hierarquia militar, a poesia heroica da epopeia homérica deveria ensinar aos moços as virtudes de guerreiro – constância, disciplina, temperança e principalmente a coragem. O bom guerreiro deveria ter coragem porque a fama, que, mormente em regimes patriarcais monárquicos, legitimava o mando herdado pelo tronco familiar, era explicada como decorrência dos perigos por que passaram os mais antigos senhores da terra e que as narrativas antigas teriam conservado com este fim. A ira mesma, embora fosse classificada como uma paixão da alma e por isso devesse ser subjugada pelo intelecto conforme doutrinas da alma vigentes, podia ser funesta por suas consequências, mas, como alguns moralistas da época expuseram, essa paixão poderia servir de ornamento da bravura, aumentando o seu efeito. Segundo esse raciocínio, desde que se evitasse o extremo que leva a impiedades excessivas, como as de Aquiles irado, a ira pode tornar mais forte a coragem, desde que dirigida a causas tidas por justas. Daí que a ira de Gaspar ou de Tibúrcio não possa ser qualificada senão como baixeza de caráter, porque a dirigem ora a um velho que fala coisas justas, ora a uma moça que por eles tinha sido enganada. Assim, também entendia-se inversamente o herói de *O desertor* apresentado pela palavra que, dando só ela título ao poema, já o desqualificava pelo vício fraco da *covardia*, que faz um mau guerreiro debandar dos trabalhos da guerra, como analogamente Gonçalo e companhia desertam dos esforços do estudo.

Aproximadamente assim ensinavam tanto doutrinas poéticas como doutrinas políticas acerca da origem do poder hereditário dos senhores bem como acerca das razões políticas da narrativa heroica. Ao preferir invocar a Musa, o poema também declara a emulação da *Eneida* de Virgílio, que canta as altas peripécias do pio Eneias e que no oitavo verso enuncia – "*Musa, mihi causas memora*" ("Musa, relembra-me as causas"). Com efeito, como na *Eneida*, ao invés de pedir à Deusa da memória, Mnemosine, o poeta de *O desertor* invoca as Musas, sem nomear em momento algum, como era costume, qual delas seria a que dominava no específico da sua arte. A ocultação do nome da divindade podia estar prevista nos usos da arte, mas num gênero deliberadamente misto como o heroi-cômico a Musa não indicada principalmente mantém dúbia a natureza da espécie poética, já também por isso cômica. Com isso, pode fingir a semelhança com a arte solene de Calíope, mas logo demonstra o riso indolor de Talia, isto é, efetivamente o poema pertence à arte da comédia, pela matéria que inventa, e à arte da epopeia, pelo estilo e modo com que inventa.

Na *Odisseia*, Palas Atena se transforma num velho sábio e vai até o jovem e ajuizado Telêmaco, para que tome a função paterna, assuma os trabalhos da necessidade e com coragem vá buscar notícia do pai. De forma análoga, a Ignorância, em *O desertor*, transforma-se num antiquário que vivia em Coimbra, porque havia frustrado a carreira nas letras, e vai até Gonçalo dissuadi-lo de seguir nos estudos, porque são inúteis os esforços das letras e, com as luzes das reformas recentes, já não havia mais ali as liberdades para o gozo dos gostos baixos que antes se proliferavam como vícios. Como na poesia heroica a virtude capital é a coragem, na fábula do poema heroi-cômico, ao contrário, só era preciso a Gonçalo vencer o medo do tio, que mantinha os seus estudos e o haveria de espancar quando retornasse sem tomar grau.

O herói dessa antiépica devia dedicar-se às leis e às ciências, à teologia, à jurisprudência, mesmo à história que deleita mas ensina, como a boa poesia. Em vez disso, lia maus romances, *litteratura* muito lidas e mal reputadas na preceptiva da arte. Mesmo sendo letras vulgares, representam a moral, por isso vendidas na conformidade da lei. Mas eram livros mal reputados, como livros de pouca ciência e pior arte, que mais *deleitavam* do que *utilizavam*, como se dizia, o que não convinha às boas letras. Na tese que o poema encena, essa tipificação do mau estudante e seu mau hábito de leitura eram efeitos das dificuldades dos maus livros que se ministravam na Universidade no tempo dos jesuítas. Na lógica do poema, os estudantes começavam a desertar das letras quando se entregavam a leituras mais doces do que docentes, mais agradáveis do que úteis para causar virtude. E a causa disso, na propaganda pombalina, era também a dificuldade desnecessária das questões dos padres chamados peripatéticos, como os famosos Sanches e Molina.

Ivan Teixeira, em seu estudo sobre a poesia nos círculos de mecenato pombalino, reproduz uma gravura pombalina onde se veem os padres da Companhia de Jesus derrubando uma árvore do conhecimento. Nos seus galhos e ramos, viam-se as figuras dos maiores doutores da Igreja, como São Jerônimo, Jasão de Nores, Tomás de Aquino, Santo Agostinho, o Venerável Beda, São Gregório Magno, entre outros, e sobre eles o Espírito Santo, o sagrado coração e a imagem de Deus pai. O fruto das obras desses santos padres é o que o título da gravura refere como *O trabalho perdido*, isto é, o estrago orquestrado pelos padres gerais da Companhia de Jesus, que o gabinete pombalino faria passar por uma república dentro da República e, por isso, perigosa para a soberania do Rei e de seus herdeiros no reino.

Essa árvore de autoridades das maiores ciências para o catolicismo pombalino aparece sendo serrada justamente por Sanches e Molina, assim indicados em lema na gravura. Ambos são teólogos assim chamados casuístas, comentadores da *traditio* de doutrina que a Universidade ensinava. São também os mesmos vituperados entre outros na estante do tio, no canto V, de *O desertor*. Com efeito, o Concílio de Trento continuava publicado e ensinado em Portugal, enquanto a maior parte dos autores associáveis ao assim chamado Iluminismo, principalmente francês, continuavam proibidos no reino, como também ao contrário muitos autores jesuítas mais respeitados durante o auge da segunda escolástica continuavam a ser modelos exemplares de virtude e de doutrina para o ensino, como é o caso dos santos fundadores da Companhia de Jesus e de outros nomes de jesuítas célebres como Francisco Suarez e Antônio Vieira.

A Ignorância, a vilã da trama cômica, é expulsa de Coimbra por efeito daquela ação heroica que restituía a Verdade ao seu trono na velha instituição de ensino. A Verdade é uma espécie de divindade patronal do poema, que se representa pela emulação de Minerva, a Palas Atena dos poemas de Homero. Com efeito, a Verdade aparece em sonho ao herói da fábula cômica que já derrocava para em vão tentar convencê-lo a decidir-se por melhores feitos, para obter melhor fama. Mas o entendimento já estava decidido pelo mau caminho, e as circunstâncias levavam sempre o herói a outras piores circunstâncias, até que chegam à província. Na biblioteca do tio, veem-se grandes livros de um século antes. Não é só a literatura seiscentista vituperada, é o que de melhor o tio pôde juntar no seu tempo. Mas as reformas do ensino e o próprio tempo fizeram muitos daqueles livros descorarem de sua autoridade antiga. Perdida a carreira, Gonçalo agora não teria mais do que isso. Uma biblioteca de aldeia, com todas as marcas do tempo, para eventualmente tornar-se um rábula, advogado sem diploma que, no contraste das luzes que o poema forja, é a mais escura obscuridade.

Boécio e Tomás de Aquino, padres da Igreja dos primeiros e dos últimos tempos da Idade Média, eram no século XVIII distintos como santos ou beatos, entre outras razões pela doutrina que retiraram sobretudo do "divino Aristóteles".[5] Com o fim da era jesuítica no ensino português, a reforma pombalina da Universidade representou também uma relativização do aristotelismo que se ensi-

[5]Essa adaptação de Aristóteles à teologia católica refeita sobretudo ao longo do século XVIII por grandes autoridades eclesiásticas, mormente jesuítas, ficou conhecida como segunda escolástica, cujo fim era fortalecer os fundamentos filosóficos que embasaram as cláusulas do Concílio de Trento, defendidas contra a heresia pelo Tribunal do Santo Ofício da Inquisição.

nava na Universidade até o século XVIII. Com isso, porém, não se chegou a efetivamente destituir a autoridade de Aristóteles como o mais importante filósofo grego para a doutrina católica, que permanecia sendo a religião do rei e do reino. Aristóteles assim havia sido considerado muitas vezes desde a primeira escolástica do século XIII e, muito antes dela, desde alguns dos primeiros doutores da Igreja dos séculos V e VI d.C. Sem nem de longe ferir a autoridade de nomes como esses, e entre tantos outros nomes tão ilustres, mais de uma vez o poema de Silva Alvarenga faz alusão aos maus métodos dos peripatéticos, que é o nome com que são designados os seguidores de Aristóteles. Contudo, ali se fala mal principalmente das apostilas e cadernos, das antologias e compilações, feitos por professores portugueses que ensinavam lógica aristotélica por métodos que então foram postos em descrédito. Nem por isso Silva Alvarenga deixa de inserir antes do poema um "Discurso sobre o poema heroi-cômico" que começa justamente citando Aristóteles como respeitada autoridade no ensino das regras da arte poética e dos fins morais, gerais e particulares que se perfazem na leitura da poesia em geral e do poema heroi-cômico em específico.

Como se viu, o tempo que ficou conhecido pela posteridade como "período pombalino" teve início em 1750, um ano após o nascimento de Manuel Inácio da Silva Alvarenga, e, por ocasião da impressão de seu poema, Pombal acabava de levar a termo, em 1772, a célebre Reforma da Universidade de Coimbra. A principal instituição de ensino portuguesa havia sido posta em descrédito, segundo a propaganda pombalina, por culpa dos membros da Companhia de Jesus. Desde o século XVI, os jesuítas a geriram e nos últimos tempos teriam deixado medrar maus hábitos entre professores e estudantes, consequência dos métodos antiquados que usavam, sempre segundo a opinião que a política de Pombal fez imperar.

Desta mesma opinião politicamente produzida, *O desertor*, esse exercício poético de estudante comprometido com as novas diretrizes da Universidade, é uma peça casualmente estratégica. Alfredo Bosi entendeu essa posição como a de um típico militante ilustrado. Talvez, menos do que isso, a posição de Manuel Inácio da Silva Alvarenga seja a de um bom súdito. Ao lado de muitas outras obras que tiveram o mesmo comprometimento, *O desertor* integrou o que Ivan Teixeira chamou "mecenato pombalino", caracterizando com essa expressão o agrupamento de poetas, artistas, juristas, eruditos, professores etc, em torno de Sebastião José de Carvalho e Melo, empenhados no louvor de seu governo. Acordes em perpetuar em monumentos de memória as reformas implementadas, trataram-nas como o nascimento de uma nova era, ou como o renascimento de uma idade áurea antiga, que se vestia por exemplo como um novo século de Augusto, cantado por outros Virgílios e Horácios lusitanos, que obviamente não eram iluministas, nem poderiam simpatizar com opiniões tão perigosas, para o mundo católico e monárquico de que eram parte.

Em contraste com essa nova Idade do Ouro, assim pintada em prosa e verso, o jesuitismo reduzido a tipos sórdidos, vilões de comédia, ou alegorizado como Hipocrisia, Abuso, Ignorância, Monstro de mil olhos foi representado como trevas. Com isso, a historiografia literária quis equivocar sombras barrocas, renascidas de trevas medievais, provavelmente para imputar iluminismo na política de

Estado do Marquês e de seu séquito de letrados. Fugindo destas positivações metafóricas de antigos artifícios, já que luzes e sombras aí são só metáforas, podemos dizer que, para a comum opinião sob Pombal, a gestão jesuítica da Universidade teria imposto a seus currículos velhos métodos, baseados fundamentalmente na leitura católica da lógica aristotélica.

Desde os séculos XIX e XX, com o fim de enquadrar o Marquês de Pombal no Iluminismo europeu, foi recorrente a interpretação historiográfica que quis dar à expulsão dos jesuítas um caráter anticlerical, como se suas reformas visassem a atingir o clero português e assim seu governo tivesse uma posição assimilável à de outros monarcas e outros ministros que ficaram conhecidos como "déspotas esclarecidos", interpretados como parte, mesmo que contraditória, de um movimento geral da Ilustração. Contudo, a luta institucional do governo pombalino é quase que exclusivamente dirigida à Companhia de Jesus nas pessoas de seus membros atuais, que obtiveram poder provavelmente pelo favorecimento institucional, nas dependências de Dom João V, falecido em 1750. Acresce que os lugares institucionais anteriormente ocupados pelos jesuítas, sobretudo os relativos à educação, viriam a ser dados, quase sempre, também a padres, mas agora preferencialmente os oratorianos, ordem religiosa de origem francesa, ascética em sua doutrina de vida, como a dos inacianos, e misteriosamente interessada na vida política, como aqueles, sobretudo na instrução dos homens também.

O Portugal de *O desertor* não se tornava mais ilustrado nem se laicizava além da conta e das tradições jurídicas conhecidas. A disputa representou-se como uma querela institucional que teve o tamanho que teve. Não precisaria ser reinventada como imbuída de significados transistóricos, que organizam o trânsito do Espírito, das "manifestações culturais" e das "mentalidades" das épocas.

Todo o Estado português continuou a ter muitos clérigos em seus postos mais ou menos altos, tanto nos Conselhos do Estado, quanto nas instituições de ensino e na Mesa Censória dos livros impressos no reino. As figuras mais típicas do assim chamado Iluminismo português, como Luís Antônio Verney e Francisco José Freire, eram igualmente clérigos que tinham o Concílio de Trento como a verdadeira e grande restauração moderna das ciências, o que torna muito estreito o que de Iluminismo o pensamento sem dúvida *ilustrado* desses homens pode ter representado; mesmo porque "ilustrado" é um termo que em português sempre significou culto, erudito, cheio de ciências, sendo a Teologia, antes como neste século XVIII ibérico, a mais alta das ciências.

Conhecedor dos sistemas de gênero e espécies que desde Aristóteles operavam, de várias formas, a invenção, a disposição e a elocução da poesia *em geral*, isto é, *enquanto gênero* de imitação, conhecedor também dos sistemas jurídicos civis e eclesiásticos que regiam a Monarquia portuguesa, o poeta estava longe de pertencer a um "*club* de jacobinos", como se lê nas acusações da Devassa. Aliás, "*club* de jacobinos" foi provavelmente uma agudeza vituperante que põe em evidência algumas posições de uma cena política coetânea. O *club* é uma sociedade pacífica de pares que se distinguem mutuamente como *socii* (sócios). Grafada à maneira de ingleses, *club*, a sociedade de pares é representada, no vitupério, como coisa de anglicanos, gente que por mais polida que fosse era sectária do credo decretado herético havia dois séculos pelas mais altas cúrias eclesiásticas que a Monarquia lusitana acatava integralmente. A *club* junta-se o adjetivo *jacobino*, o que haveria de pior e mais horroroso em termos de impiedade política laica, no ponto de vista, ou melhor, segundo a ética portuguesa de então. Assim, a infâmia que recaía sobre Alvarenga se indiciava por meio desta prova: em ditos mordazes falava-se do grupo de Silva Alvarenga como um conluio de sujeitos mistos de revolucionários franceses e anglicanos hereges reunidos em sociedade aparentemente pacífica. A *Devassa* que Silva Alvarenga enfrenta acusa-o de *francesia*, associando-o a opiniões revolucionárias francesas, isto é, à opinião política que sustentava gente desqualificada nas hierarquias políticas do reino ocupando ilegitimamente o lugar do rei. Para a contemporaneidade portuguesa de Silva Alvarenga na década de 1790, certamente o perigo disso sentia-se como enorme, mas não se marcavam esses eventos particulares que hoje são *a Revolução Francesa* senão como um distúrbio assimilável às sublevações que as histórias antigas e modernas nunca deixaram de contar.

SOBRE A EDIÇÃO

O texto desta edição foi estabelecido a partir da edição de 1774, utilizando o exemplar do Instituto de Estudos Brasileiros (IEB-USP). Para decisões específicas, valemo-nos também da edição de Joaquim Norberto, de 1864, da edição feita por Ronald Polito, de 2003, e das indicações da tese de Francisco Topa (ver, abaixo, Bibliografia).

Foi feita a atualização ortográfica, mesmo dos nomes próprios. Mantiveram-se apenas as maiúsculas, porque muitas vezes são empregadas para dar sentido alegórico a conceitos abstratos, como são os casos emblemáticos para o poema em questão das palavras "Verdade" e "Ignorância", que em quase todas as ocorrências representam-se personificadas em ação alegórica. Conforme observa Ronald Polito, diversas palavras aparecem grafadas com maiúsculas, "no entanto não são homogêneos os critérios da primeira edição" (ALVARENGA, 2003, p. 61). Contudo, muitas vezes também "arrieiros", "estudantes", entre outros substantivos comuns em uso aparentemente simples são grafados com maiúsculas sem critério identificável. Sendo assim, atendemos a argumentação de Francisco Topa: "em atenção ao *usus scribendi* do autor e aos hábitos da época *é possível* conservar maiúsculas não justificáveis gramaticalmente, atendendo também ao seu possível valor expressivo" (TOPA, 1998, p. 19). Como não oferecem dificuldade para a leitura, mantivemos as maiúsculas, também para relativizar o esquematismo que define alegorização de conceitos por meio de maiúsculas. É possível que maiúsculas também indiquem ênfases para a *pronuntiatio*, já que, na época, estava prevista a *performance*, ou representação do poema heroi-cômico, assim como se fazia encenação pública do poema heroico. Por esse aspecto residual do uso que o poema teve, achamos interessante a reprodução das maiúsculas e minúsculas conforme a edição de 1774.

Não obstante tudo isso, preferimos atualizar a pontuação para facilitar a leitura moderna. Por se tratar de um texto narrativo, a pontuação retórica, provavelmente também seguindo critérios da pronunciação, dificulta a fluência da leitura silenciosa deste texto cuja unidade para o entendimento já é, de saída, bastante difícil, seja pelos cortes bruscos presentes no poema, que talvez indiquem a precariedade da composição do entrecho, seja por estar inscrito em outro registro de representação ficcional, diverso por exemplo da narrativa de romance em prosa, com a qual, desde o século XIX, tendemos a estar mais acostumados. Neste mesmo sentido, preferimos inserir aspas para sinalizar falas diretas das personagens, que não são muitas e não devem ser confundidas com as apóstrofes da voz heroi-cômica que narra e que, vez e outra, interpela fantasticamente as próprias personagens, como estava previsto na convenção da poesia épica em geral. Tais apóstrofes mantivemos sem alteração mais do que a atualização já referida da pontuação, algumas vezes trocando exclamação por interrogação. A pontuação sempre que possível não foi inserida para não fechar as possibilidades abertas de leitura. Principalmente, foram trocados os sinais de dois pontos declamatórios, que se sucediam por exemplo nas enumerações, indicando a disposição da matéria em orações correlatas. Nestes casos foram trocados por vírgula ou ponto-e-vírgula. Nos símiles homéricos, isto é, nas comparações extensas, que são abundantes por conta do gênero do poema, mantivemos os dois pontos marcando os dois hemistíquios da analogia. As notas apostas ao poema são de Silva Alvarenga, por isso optamos pela composição de um glossário de termos poéticos, históricos, biográficos e geográficos que se encontra ao fim do volume. Ainda para apoiar a leitura do texto inserimos antes de cada canto um argumento, com a súmula da ação que irá transcorrer.

BIBLIOGRAFIA

ALVARENGA, Manuel Inácio da Silva. *Obras poéticas de Manoel Ignacio da Silva Alvarenga (Alcindo Palmireno) collegidas, annotadas, e precedidas do juízo crítico dos escritores nacionais e estrangeiros e de uma notícia sobre o autor e suas obras e acompanhadas de documentos históricos*, org. J. Norberto de Souza. Paris/ Rio de Janeiro: Garnier Irmãos, 1864. Brasilia Bibliotheca dos Melhores Auctores Nacionaes Antigos e Modernos: Silva Alvarenga.

———. *O desertor: poema herói-cômico.* Coimbra: Na real officina da Universidade, 1774.

———. *O desertor: poema herói-cômico*, org. Ronald Polito. Campinas: Editora da Unicamp, 2003.

ALVEAR, D. A. & DÁVILA, D. J. Herrera. *Coleccion de tratados breves y metodicos de Ciencias, Literatura y Artes: Biografia Antigua.* Sevilla: Imprensa de D. Mariano Caro, 1829.

AMBRÓSIO, Renato. *De rationibus exordiendi: os princípios da história em Roma.* Associação Editorial Humanitas – Fapesp, 2005.

ARISTÓTELES. *Rettorica et poetica d'Aristotile. Tradotte di greco in lingua vulgare Fiorentina da Bernardo Segni Gentilh'huomo, & Academico Fiorentino.* Vinegia: per Bartholomeo detto l'Imperador, & Francesco suo genero, 1551.

BALBI, Adrien. *Essai Statistique sur le royaume de Portugal et D'Algarve, comparé aux autres états de l'Europe, et suivi d'un coup d'oeil sur l'état actuel des sciences, des lettres et des beaux-arts parmi les Portugais des deux hémisphères*, vol. II. Paris: Rey et Gravier, 1822.

BARBOSA, Januário da Cunha. *Revista trimensal de História e Geografia ou Jornal do Instituto Histórico e Geográfico Brasileiro, fundado no Rio de Janeiro sob os auspícios da Sociedade Auxiliadora da Indústria Nacional, debaixo da imediata proteção de S. M. I. O Senhor D. Pedro* II., vol. III. IHGB, 1841.

BLUTEAU, Rafael. *Vocabulario Portuguez e Latino, aulico, anatomico, architectonico, bellico, botanico, brasilico, comico, critico, chimico etc.* Coimbra: no Collegio das Artes da Companhia de JESU, 1712. Autorizado com Exemplos dos Melhores Escritores Portugueses e Latinos e offerecido a El Rey de Portugal D. Joao V pelo padre D. Raphael Bluteau Clerigo Regular, Doutor na Sagrada Theologia, Pregador da Rainha de Inglaterra Henriqueta Maria de França, e Calificador no Sagrado Tribunal da Inquisição de Lisboa.

BOXER, Charles. *O império marítimo português. 1415–1825.* São Paulo: Companhia das Letras, 2008. Tradução Anna Olga de Barros Barreto.

CAMÕES, Luís Vaz. *Os Lusíadas.* Em casa de Antonio Gonçalvez Impressor, 1572. Com priuilegio Real. Impresso em Lisboa, com licença da sancta Inquisição, & do Ordinario: em casa de Antonio Gõnçaluez Impressor.

CÂNDIDO, Antônio. *Formação da literatura brasileira*, vol. II. São Paulo: Itatiaia/Edusp, 1975.

———. "Os poetas da Inconfidência." IX *Anuário da Inconfidência* (1993): 130–137.

COLERIDGE, Henry Nelson. *Introductions to the Study of the Greek Classic Poets. Designed principally for the use of Young persons at School and College. Part* I*: General Introduction. Homer.* London: John Murray, Albemarle Street, 1834.

FOUCAULT, Michel. *O que é um autor?* Lisboa: Passagens/ Nova Vega, 2006, 6 ed. Prefácio de José A. Bragança de Miranda e Antonio Fernando Novais.

HANSEN, João Adolfo. *A sátira e o engenho. Gregório de Matos e a Bahia do século* XVII. São Paulo: Companhia das Letras, 1989.

———. "Autor", in: Jobim, José Luís. (Org.). *Palavras da crítica.* São Paulo: Imago, 1992.

HORÁCIO. *Arte Poetica de Q. Horacio Flacco, Traduzida, e illustrada em Portuguez por Candido Lusitano.* Lisboa: Na Officina Rollandiana, com Licença da Real Meza Censória, 1778.

JESUS, Frei Rafael de. *Primeiro volume da 18a. parte da "Monarchia Lusitana"*, vol. I. Coimbra: Biblioteca Geral da Universidade de Coimbra, 1958.

JUNTA DE PROVIDÊNCIA LITERÁRIA. *Compêndio histórico do estado da Universidade de Coimbra no tempo da invasão dos denominados jesuítas e dos estragos feitos nas sciencias e nos professores, e diretores que regiam pelas maquinações, e publicações dos novos Estatutos e por eles fabricados.* Na Régia Oficina Typographica, MDCCLXXI.

LUCRECIO, Tito. *A natureza das coisas, poema de Tito Lucrécio Caro.* Traduzido do original latino para verso portuguez por Antonio José de Lima Leitão. Lisboa: Typographia de Jorge Ferreira de Matos, 1851.

MESNARDIÈRE, Jules de la. *La Poetique de Jules de la Mesnardiere.* Paris: Antoine de Sommaville, 1639.

MINTURNO. *L'Arte Poetica del Signor Minturno Nella quale si contengono i preccetti Eroici, Tragici, Comici, Satirici, e d'ogni altra Poesia: con la dottrina De'Sonetti, Canzoni, ed ogni forte di Rime Toscane, dove s'insegna il modo, che tenne il Petrarca nelle sue opere. E si dichiara a'suoi luoghi tutto quel, che da Aristotele, Orazio, ed altri Autori greci, e Latini è stato scritto per ammaestramento de'Poeti.* Napoli: Stamperia di Gennaro Muzio, erede di Michele Luigi con Licenza de Superiori, 1725.

PEIXOTO, Ignacio José de Alvarenga. *Obras poéticas de Ignacio José de Alvarenga Peixoto colligidas, annotadas precedidas do juízo crítico dos escriptores nacionaes e estrangeiros e de uma noticia sobre o autor e suas obras com documentos históricos,* org. J. Norberto de Souza. Rio de Janeiro: Garnier, 1865.

REAL ACADEMIA ESPAÑOLA. *Dicionario de la lengua castellana, en que se explica el verdadero sentido de las voces, su naturaleza y calidad, com las phrases o modos de hablar, los proverbios o refranes, y otras cosas convenientes al uso de la lengua.* Imprenta de la Real Academia Española, por los herederos de Francisco de Hierro, 1734.

REIS, Francisco Sotero dos. *Curso de literatura portuguesa e brasileira.* Maranhão, MDCCCLXVII.

RENGIFO, Ivan Diaz. *Arte poética española, con una fertilissima silva de consonantes comunes, propios, esdruxulos, y reflexos, y un divino estimulo del amor de Dios.* Madrid: por la viuda de Alonso Martin, 1628.

SILVA, António José da. *Esopaida ou vida de Esopo.* Coimbra: Acta Universitatis Coninbrigensis, 1979.

SILVA, J. M. Pereira da. *Parnaso brasileiro ou Selecção de poesias dos melhores poetas brasileiros desde o descobrimento do Brasil precedida de uma introdução histórica e biográfica sobre a literatura brasileira,* vol. I. Rio de Janeiro: Eduardo e Henrique Laemmert, 1843.

———. *Plutarco Brasileiro,* vol. II. Rio de Janeiro: Eduardo e Henrique Laemmert, 1847.

SPINELLI, Miguel. *Caminhos de Epicuro*. São Paulo: Edições Loyola, s.d.

TEIXEIRA, Ivan. *Mecenato pombalino e poesia neoclássica*. São Paulo: Edusp, 1999.

TOPA, Francisco. *Para uma edição crítica da obra do árcade Brasileiro Silva Alvarenga – Inventário sistemático dos seus textos e publicação de novas versões, dispersos e inéditos*. Porto: mimeo, 1998.

WEINBERG, Bernard. "From Aristotle to Pseudo-Aristotle." *Comparative Literature* 5 (1953): 97–104. Duke University Press on Behalf of the University of Oregon.

O DESERTOR
POEMA HERÓI-CÔMICO

DISCURSO SOBRE O POEMA HERÓI-CÔMICO

A Imitação da Natureza, em que consiste toda força da Poesia, é o meio mais eficaz para mover e deleitar os homens; porque estes têm um inato amor à imitação, harmonia e ritmo. Aristóteles, que bem tinha estudado a origem das paixões, assim o afirma no cap. 4 da *Poética*. Este inato amor foi o que logo ao princípio ensinou a imitar o Canto das Aves; ele depois foi o inventor da Flauta e da Poesia, como felizmente exprimiu Lucrécio no liv. I, v. 1378.

At liquidas avium voces imitarier ore
Ante fuit multo, quam lævia carmina cantu
Concelebrare homines possent, auresque juvare.
Et Zephyri cava per calamorum sibila primum
Agrestes docuere cavas instare cicutas.[1]

[1] Segue uma tradução setecentista dos versos: "*Das aves o ternissimo gorgeio/ Os homens imitar co'a voz tentavam,/ Muito antes que cantando eles soubessem/ Articular os versos sonorosos,/ Que hoje tanto os ouvidos nos encantam./ O silvo que dos zéfiros se ouvia/ No oco das canas suscitar-lhes pôde/ Dos cálamos agrestes a lembrança./ Pouco a pouco depois os sons maviosos/ Foi espalhando a cítara, pulsada/ Por quem com doce voz a par lhe ia/ Nos bosques, selvas, brenhas, que aos pastores,/ Por mudas solidões, por longos ócios,/ Da harmonia as primeiras lições deram.*" (LUCRECIO, 1851, p. 172) [N. do org.]

O prazer que nos causam todas as artes imitadoras é a mais segura prova deste princípio. Mas assim como o sábio Pintor para mover a compaixão não representa um quadro alegre e risonho; também o hábil Poeta deve escolher para a sua imitação ações conducentes ao fim que se propõe. Por isso o Épico, que pretende inspirar a admiração e o amor da virtude, imita uma ação na qual possam aparecer brilhantes o valor, a piedade, a constância, a prudência, o amor da Pátria, a veneração dos Príncipes, o respeito das Leis e os sentimentos da humanidade. O Trágico, que por meio do terror e da compaixão deseja purgar o que há de mais violento em nossas paixões, escolhe ação onde possa ver-se o horror do crime acompanhado da infâmia, do temor, do remorso, da desesperação e do castigo; enquanto o Cômico acha nas ações vulgares um dilatado campo à irrisão, com que repreende os vícios.

Qual destas imitações consegue mais depressa o seu fim é difícil o julgar; sendo tão diferentes os caracteres, como as inclinações; mas quase sempre o coração humano, regido pelas leis do seu amor próprio, é mais fácil em ouvir a censura dos vícios, do que o louvor das virtudes alheias.

O poema chamado Herói-cômico, porque abraça ao mesmo tempo uma e outra espécie de poesia, é a imitação de uma ação cômica heroicamente tratada. Este Poema pareceu monstruoso aos Críticos mais escrupulosos; porque se não pode (dizem eles) assinar o seu verdadeiro caráter. Isto é mais uma nota pueril, do que bem fundada crítica; pois a mistura do heroico e do cômico não envolve a contradição, que se acha na Tragicomédia, onde o terror e o riso mutuamente se destroem.

Não obsta a autoridade de Platão referida por muitos; porque quando este Filósofo, no Diálogo 3 de sua *República*, parece dizer que são incompatíveis duas diversas imitações, fala expressamente dos Autores Trágicos e Cômicos, que jamais serão perfeitos em ambas.

Esta Poesia não foi desconhecida dos Antigos. Homero daria mais de um modelo digno da sua mão, se o tempo, que respeitou a *Batracomiomaquia*, deixasse chegar a nós o seu *Margites*, de que fala Aristóteles no cap. 4 da *Poética*, dizendo que este poema tinha com a Comédia a mesma relação que a *Ilíada* com a Tragédia. O *Culex*, ou seja de Virgílio, ou de outro qualquer, não contribui pouco para confirmar a sua antiguidade.

Muitos são os poemas herói-cômicos modernos. A *Secchia rapita* de Tassoni é para os Italianos o mesmo que o *Lutrin* de Boileau para os Franceses, e o *Hudibraz* de Butler e o *Rape of the Lock* de Pope para os Ingleses.

Uns sujeitaram o poema herói-cômico a todos os preceitos da Epopeia e quiseram que só diferisse pelo cômico da ação, e misturaram o ridículo e o sublime de tal sorte que servindo um de realce a outro, fizeram aparecer novas belezas em ambos os gêneros. Outros omitindo ou talvez desprezando algumas regras abriram novos caminhos à sua engenhosa fantasia e mostraram disfarçada com inocentes graciosidades a crítica mais insinuante, como M. Gresset no seu *Ververt*.

Não faltou quem tratasse comicamente uma ação heroica; mas esta imitação não foi tão bem recebida, ainda que a Paródia da *Eneida*, de Scarron, possa servir de modelo.

É desnecessário trazer à memória a autoridade e o sucesso de tão ilustres Poetas para justificar o Poema herói-cômico, quando não há quem duvide, que ele, porque imita, move e deleita: e porque mostra ridículo o vício, e amável a Virtude, consegue o fim da verdadeira poesia.

Omne tulit punctum, qui miscuit utile dulci
Horat. *Poet.* v. 342

Discit enim citius, meminitque libentius illud,
Quod quis deridet, quam quod probat, ac
[veneratur.
Horat. *Epist.*, I, II. v. 262

1 Omne tulit punctum, qui miscuit utile dulci] Quem sabe pois tecer ação, que instrua, juntamente agrade.

Argumento do Canto I

Invocação das Musas – Dedicatória – Chegada triunfal do Marquês de Pombal a Coimbra – Memória do período áureo do reino de Portugal interrompido pela morte de Dom Sebastião – Apresentação da Ignorância, personificação dos hábitos do ensino jesuítico na Universidade – Divulgação da Reforma pombalina pelo rio Mondego – A Ignorância lamenta seu Império perdido – A Preguiça e a Ociosidade alegorizadas como colegas de pensão da Ignorância – Transfiguração da Ignorância em Tibúrcio, antiquário que vivia em Coimbra – Apresentação do herói, Gonçalo, o Desertor das Letras – Conselhos da Ignorância – O letrado frustrado e vendedor de objetos usados vitupera as disciplinas do estudo, mimetizando a linguagem difícil do método escolástico – Desmerece a carreira das letras naqueles tempos, que já não conferiam distinção e obrigavam a uma longa carreira nas partes distantes do Império – Exorta Gonçalo a voltar para Mioselha, rever o tio, fazendo o louvor da aldeia – Tibúrcio constitui a companhia de desertores das letras – Imprecação da Velha Guiomar, mãe de Narcisa – Ira de Narcisa, amante de Gonçalo, com a partida do amante – Gonçalo a consola com uma bolsa de dinheiro e a desculpa de uma nova herança – Tibúrcio, experiente, lembra ao herói as despesas da viagem – Não valendo os seus argumentos e sua encenação, Tibúrcio usa o braço arrancando-o de Narcisa – Briga na pensão – O povo se ajunta com paus e pedras – Narcisa termina com a bolsa, recontando o dinheiro – Guiomar, insatisfeita de a filha ter sido rejeitada, planeja fazer prender a Gonçalo – Rodrigo o avisa das maldições da velha e o aconselha a fugir – Partida de Coimbra.

Musas, cantai o Desertor das letras
Que, depois dos estragos da Ignorância,
Por longos e duríssimos trabalhos,
Conduziu sempre firme os companheiros,
Desde o louro Mondego aos Pátrios montes.
Em vão se opõem as luzes da Verdade
Ao fim que já na ideia tem proposto
E em vão do Tio as iras o ameaçam.

E tu, que à sombra duma mão benigna,
Gênio da Lusitânia, no teu seio
De novo alentas as amáveis Artes;
Se ao surgir do letargo vergonhoso
Não receias pisar da Glória a estrada,
Dirige o meu batel, que as velas solta,
O porto deixa e rompe os vastos mares,
De perigosas Sirtes povoados.

Quais seriam as causas, quais os meios
Por que Gonçalo renuncia os livros?
Os conselhos e indústrias da Ignorância
O fizeram curvar ao peso enorme
De tão difícil e arriscada empresa.

2 Que, depois dos estragos da Ignorância] Depois de abolidos os velhos estatutos pela criação da nova universidade.

E tanto pode a rústica progênie

A vós, por quem a Pátria altiva enlaça
Entre as penas vermelhas e amarelas
Honrosas palmas e sagrados louros,
Firme coluna, escudo impenetrável
Aos assaltos do Abuso e da Ignorância,
A vós pertence o proteger meus versos.
Consenti que eles voem sem receio
Vaidosos de levar o vosso nome
Aos apartados climas onde chegam
Os ecos imortais da Lusa glória.

Já o invicto Marquês com régia pompa
Da risonha Cidade avista os muros.
Já toca a larga ponte em áureo coche.
Ali junta a brilhante Infantaria,
Ao rouco som de música guerreira,
Troveja por espaços; a Justiça,
Fecunda mãe da Paz e da Abundância,
Vem a seu lado; as Filhas da Memória,
Digna, imortal coroa lhe oferecem,
Prêmio de seus trabalhos; as Ciências
Tornam com ele aos ares do Mondego,
E a Verdade entre júbilos o aclama

22 E tanto pode a rústica progênie] Virg. Æn., I. I: "*Tantæne anmis cœlestibus iræ!*". Despréaux no canto I do *Lutrin*: "*Tant de fiel ente-t-il dans l'âme des dévots!*".

33 Já o invicto Marquês com régia pompa] O Ilustríssimo e Excelentíssimo Senhor Marquês de Pombal entrou em Coimbra como Plenipotenciário e Lugar-tenente de Sua Majestade Fidelíssima para a criação da Universidade em 22 de setembro de 1772.

Restaurador do seu Império antigo.
Brilhante luz, paterna liberdade,
Vós, que fostes num dia sepultadas,
C'o bravo Rei nos campos de Marrocos,
Quando traidoras, ímpias mãos o armaram,
Vítima ilustre da ambição alheia,
Tornai, tornai a nós. Da régia estirpe
Renasce o vingador da antiga afronta:
Assim o novo Cipião crescia
Para terror da bárbara Cartago.
Possam meus olhos ver o Ismaelita
Nadar em sangue e pálido de susto
Fugir da morte e mendigar cadeias;
E amontoando Luas sobre alfanges
Formar degraus ao Trono Lusitano.
Dissiparam-se as trevas horrorosas
Que os belos horizontes assombravam
E a suspirada luz nos aparece.
Tal depois que, raivoso e sibilante,
Sobre o carro da Noite o Euro açoita

48 C'o bravo Rei nos campos de Marrocos] O Senhor Rei D. Sebastião ficou em África no ano de 1578, e se perdeu com ele a liberdade Portuguesa, de donde nasceram as funestas consequências que até agora se fizeram sentir.

52 Renasce o vingador da antiga afronta] O Sereníssimo Senhor D. José Príncipe herdeiro.

53 Assim o novo Cipião crescia] Públio Cornélio Cipião vingou a morte de seu Pai e Tio destruindo Cartago.

55 Possam meus olhos ver o Ismaelita] Os Mouros são descendentes de Ismael filho de Agar.

64 Sobre o carro da Noite o Euro açoita] Euro, o vento vulgarmente chamado l'Este. Boótes, constelação na cauda da Ursa, ou a Guarda.

Os tardios cavalos do Boótes,
E insulta as terras e revolve os mares,
Raia a manhã serena entre douradas
E brancas nuvens; ri-se o Céu e a Terra:
O Vento dorme e as Horas vigilantes,
Abrem ao claro Sol a azul campanha.

A soberba Ignorância entanto observa,
E se confunde ao ver o próprio trono
Abalar-se e cair; o seu ruído
Redobra os ecos nos opostos vales
E o Mondego feliz ao mar undoso
Leva alegre a notícia, porque chegue
Das suas praias aos confins da Terra.
Ela abatida e só não acha abrigo,
E desta sorte em seu temor suspira.

"Verei eu sepultar-se entre ruínas
O meu reino, o meu nome e a minha glória,
Depois de ser temida, e respeitada?
Pobre resto de míseros vassalos
Não há mais que esperar. Já fui rainha:
Já fostes venturosos: não soframos
As injúrias que o vulgo nos prepara,
Injúrias mais cruéis do que a desgraça.
Deixemos para sempre estes terríveis
Climas de mágoa, susto, horror e estrago.
Mostrai-me algum lugar desconhecido,
Onde oculta repouse até que possa

65 Os tardios cavalos do Boótes] Juvenal, *Sat.* V, v. 23.: *Frigida circumagunt pigri Sarraça Bootæ.*

Tomar de quem me ofende alta vingança.
Mas onde se um Prelado formidável,
Esse Argos que me assusta vigilante
Ao lugar mais remoto estende a vista?
Monstros do cego abismo em meu socorro
Empenhai o poder do vosso braço;
Que se entre os homens me faltar asilo,
Ao triste vão dos ásperos rochedos,
Onde o Tenaro escuro e cavernoso
Da morada sombria as portas abre,
Irei chorar meus dias sem ventura:
Irei"... Assim falando misturava
Gemidos e soluços que sufocam
Dentro do peito a voz e umedecia
C'o pranto amargo a face descorada.
Mas logo, serenando o rosto aflito,
Corre por entre sustos e esperanças
Ao caro abrigo do fiel Gonçalo.
A sonolenta, a pigra Ociosidade
Por esta vez deixou de acompanhá-la:
E a lânguida Preguiça forcejando
Pôde apenas segui-la com os olhos.

Toma a forma dum célebre Antiquário

93 Mas onde se um Prelado formidável] O Ilustríssimo e Excelentíssimo Senhor Bispo de Coimbra, Reitor e Reformador da Universidade.
94 Esse Argos] Fingiu a fábula ser Pastor de Tessália, que tinha cem olhos, a quem Juno deu a guardar Io, filha de Ínaco, Rei dos Argivos.
100 Onde o Tenaro escuro e cavernoso] Promontório de Lacônia, onde há uma cova profundíssima, que os antigos chamaram a porta do Inferno. Virg., *Georg.*, liv. IV, v. 467: *Tænarias etiam fauces alta ostia Ditis.*

Sebastianista acérrimo, incansável,
Libertino com capa de devoto.
Tem macilento o rosto, os olhos vivos,
Pesado o ventre, o passo vagaroso.
Nunca trajou à moda: uma casaca
Da cor da noite o veste e traz pendentes
Largos canhões do tempo dos Afonsos.
Dizem que o tempo da mais bela idade
Consagrou às questões do Peripato.
Já viu passar dez lustros e experiente
Sabe enredos urdir e pôr-se em salvo.
Entra por toda a parte e em toda a parte
é conhecido o nome de Tibúrcio.

Gonçalo que foi sempre desejoso
Da mais bela instrução, lia e relia
Ora os longos acasos de Rosaura,
Ora as tristes desgraças de Florinda,
E sempre se detinha com mais gosto
Na cova Tristifeia e na passagem
Da perigosa ponte de Mantible.
Repetia de cor de Albano as queixas
Chamando a Damiana injusta, ingrata;
Quando Tibúrcio apaixonado e triste
Ralhando entrou. "Que espera tu dos livros?
Crês que ainda apareçam grandes homens
Por estas invenções com que se apartam
Da profunda ciência dos antigos?
Morreram as *postilas* e os *Cadernos*:

130 Ora os longos acasos de Rosaura] *Carlos* e *Rosaura*, *Constante Florinda*, e *Carlos Magno* são romances muito conhecidos.

Caiu de todo a *Ponte* e se acabaram
As *distinções* que tudo defendiam,
E o *ergo*, que fará saudade a muitos!
Noutro tempo dos Sábios era a língua
Forma, e mais *forma*: tudo enfim se acaba,
Ou se muda em pior. Que alegres dias
Não foram os de Maio quando a estrada
Se enchia de Arrieiros e Estudantes!
Ó tempo alegre e bem-aventurado!
Que fácil era então o azul Capelo,
Adornado de franjas e alamares,
O rico anel e flutuante borla,
Honra e fortuna que chegava a todos!
Hoje é grande a carreira e serão raros
Os que se atrevam a tocar a meta.
Ah Gonçalo! Gonçalo! que mais vale
Tirar co'a própria mão no fértil Souto
Moles castanhas do espinhoso ouriço!
Quanto é doce ao voltar da Primavera
O saboroso mel no louro favo!
Ó alegre e famosa Mioselha,
Fértil em queijos, fértil em tramoços!
Só lá de romaria em romaria
Podes viver feliz e descansado.
Quem te obriga a levar sobre os teus ombros
O desmedido peso, que te espera?
Não tenhas do bom Tio algum receio:
Comigo irás, bem sabes quanto posso.

143 Caiu de todo a *Ponte*] O método escolástico. Quem conheceu a lógica peripatética, não ignora qual seja esta ponte.

Se te envergonhas de ser só, descansa;
Fiel parente, amigo inseparável,
Eu farei que, abraçando o mesmo exemplo,
Muitos se apressem a seguir teus passos."

Assim falava, quando um ar de riso
Apareceu no rosto de Gonçalo.
Tudo o que se deseja se acredita;
Nem há quem o seu gosto desaprove.
Ele, porque já traz no pensamento
Poupar-se dos estudos à fadiga,
Não vacila na escolha e se aproveita
Da feliz ocasião que lhe assegura
O meditado fim de seus desejos.

Convocam-se os heróis e deliberam
Em pleno consistório onde Gonçalo
Silêncio pede e assim a todos fala.
"Heróis, a quem uma alma livre anima,
Que desprezando as Artes e as Ciências,
Ides buscar da Pátria no regaço,
Longe da sujeição e da fadiga,
Doce descanso, amável liberdade:
Se algum de vós (o que eu não creio) ainda
Tem na alma o vão desejo dos estudos,
Levante o dedo ao alto." Uns para os outros
Olharam de repente e de repente
Rouco e brando sussurro ao ar se espalha:
Qual nos bosques de Tempe, ou nas frondosas

197 Qual nos bosques de Tempe] Lugar de Tessália célebre pela amenidade dos seus bosques.

Margens que banham o plácido Mondego,
Costuma ouvir-se o Zéfiro suave,
Quando meneia os álamos sombrios.
Nenhum alçou a mão e a Ignorância
Pareceu consolar-se imaginando
Sonhadas glórias de futuro império.

Dispõe-se a companhia e se aparelha
Para partir antes que o Sol desate
Sobre a Terra orvalhada as tranças d'ouro.
Tibúrcio tudo apronta. Mas Janeiro
Loquaz, traidor, doméstico inimigo
Voa de casa em casa publicando
Da forte esquadra a próxima partida.

Guiomar, velha que há muito que insensível
às delícias do amor, aferrolhando
Emagrece nos míseros cuidados
Da faminta ambição e é na Cidade
Uma ave de rapina que entre as unhas
Leva tudo o que encontra aos ermos cumes
Da escalvada montanha onde a festejam
Co'a boca aberta os ávidos filhinhos:
Triste agora e infeliz ouve e se assusta
Das notícias cruéis que o Moço espalha.
"Ó Ama desgraçada! Ó dia infausto!
Agora que esperava mais sossego
Principiam de novo os meus trabalhos!"
Estas e outras palavras arrancava
Do peito descontente, enquanto a Filha
Amorosa e sagaz estuda os meios

Com que possa deter o ingrato amante.
Faz ajuntar de partes mil à pressa
Cordões e anéis e a pedra reluzente
Que os olhos desafia: os seus cabelos,
Que desconhecem o toucado, empasta
Co'a cheirosa pomada: a Mãe se lembra
Da própria mocidade e lhe vai pondo
Com a trêmula mão vermelhas fitas.
Simples noiva da aldeia que ao mover-se
Teme perder o desusado adorno
Nunca formou mais vagarosa os passos.
Narcisa chega entre raivosa e triste,
E fingido-se esquecer-se da mantilha
Para mostrar-se irada, desta sorte
Em alta voz lhe fala. "Será certo
Que pretendes fugir, e que me deixas
Infeliz, enganada, e descontente?
Assim faltas cruel, pérfido, ingrato
Dum longo amor aos ternos juramentos?
Não disseste mil vezes... mas que importa
Que os meus males recorde? enfim, perjuro,
As tuas vãs promessas me enganaram.
Justiça pedirei ao Céu e ao Mundo:
O mundo tem prisões, o Céu tem raios."

Falava e o Herói, que arrasta ainda
D'um incômodo amor os duros ferros,
Parece vacilar quando Tibúrcio
Dá conselhos a um, a outro ameaça,
Pondo irados os olhos em Narcisa.
Diz-lhe que em vão suspira, que em vão chora

E que sempre tiveram as mulheres,
Para enganar aos míseros amantes,
As lágrimas no rosto, o riso na alma.
Gonçalo, então, que o seu dever conhece,
Dá provas de valor e de prudência.
"Ouve, Narcisa bela," (lhe dizia)
"Serena a tua dor e os teus queixumes;
O teu pranto me move, injusto pranto,
Que o meu constante amor de ingrato acusa.
Sossega: a nova herança dum morgado
É quem me chama, a ausência será breve.
Tempo depois virá que em doces laços
Eterno amor as nossas almas prenda,
E então farás tibornas e magustos.
Nem sempre cobre o mar a longa praia:
Nem sempre o vento com furor raivoso
Do robusto pinheiro o tronco açoita."

Acaba de falar e lhe oferece
A leve bolsa, que Narcisa aceita,
Como penhor sincero de amizade,
Bolsa que deve ser na dura ausência
Breve consolação de tristes mágoas.

O experto Amigo, que se mostra em tudo
Companheiro fiel, c'os olhos tristes,
Pondera os longos e ásperos caminhos:
Lembra funestas noites de estalagem,
E adverte, em vão, que ao menos por cautela

270 tibornas] Comida feita de pão e azeite novo.
270 magustos] Castanhas assadas e vinho.

Deve fazer-lhe a bolsa companhia.
Deixando enfim inúteis argumentos
Remete a decisão ao próprio braço.
Não se esquecem das unhas, nem dos dentes,
Armas que a todos deu a Natureza.
Ouvem-se pela casa em som confuso
As troncadas injúrias e os queixumes.
Assim dois cães se o hóspede imprudente
Lança da mesa os ossos esburgados
Prontos avançam: duma e doutra parte,
Se vê firme o valor; mordem-se e rosnam,
Mas não cessa a contenda. Amigo e amante,
Que farias, Gonçalo, em tanto aperto?
Concorre a plebe e o férvido tumulto
Vai pelas negras fúrias conduzido
Despertando nos peitos a desordem.
Ninguém sabe por quê, mas todos gritam.
Já voam as cadeiras pelos ares:
Pedras e paus de longe se arremessam.
E se a cândida Paz com rosto alegre
Serenou as desgraças deste dia,
Os teus dentes, intrépido Gonçalo,
Viste voar em negro sangue envoltos.

Torna alegre Narcisa, e cinco vezes
Abriu a bolsa e numerou a prata.
Fez diversas porções que num momento
Tornou a confundir: não doutra sorte
O menino impaciente e cobiçoso,
Quando alcança o que há muito lhe negavam,
Repara, volta, move, ajunta, espalha,

E neste giro o seu prazer sustenta.

Entanto, a mãe que já por experiência
Os enganos conhece mais ocultos
Busca novos pretextos de vingança,
Fingindo torpes e horrorosos crimes.
E espera ouvir gemer em poucas horas
O mancebo infeliz em prisão dura.
Mas Rodrigo que ouviu o rumor vago,
À pressa chega, e desta sorte fala.

"Que desgraças te esperam! foge, foge,
Gonçalo, enquanto há tempo: gente armada
Vem logo contra ti. Guiomar convoca
Todo o poder do mundo: um só momento
Não percas, caro amigo; os companheiros
Com alvoroço esperam. Ah, deixemos,
Deixemos duma vez estas paredes,
Onde c'o próprio sangue escrita deixas
De teu trágico amor a breve história.
É já outro o Mondego: a liberdade
Destes campos fugiu e só ficaram
A dura sujeição e o triste estudo.
Enfim hei de apartar-me desta sorte?
Ó sempre tristes, sempre amargos sejam
Os teus últimos dias, velha infame."
Gonçalo sim chorando, monta e parte.

Argumento do Canto II

Catálogo e descrição dos tipos que formam a companhia de desertores, conforme os respectivos vícios: Gonçalo, o mais destro, é um jovem que poderia ter sido promissor, mas não aguentou os esforços das letras; Tibúrcio, a Ignorância, leva um lenço pardo amarrado a um galho, como a bandeira da companhia; Cosme é enamorado; Rodrigo é rústico; Bertoldo se diz fidalgo de antiga linhagem improvável; Gaspar é iracundo; Alberto, o alegre, em Coimbra aplicou-se às festas – Chegada à estalagem – Comem, bebem, brindam e brigam sobre mesas de tosco pinho – Rodrigo brinda à vitória da viagem, imitando convenções da poesia de banquete; Tibúrcio diz palavras lascivas para Rodrigo, também conforme foi costume em banquetes – Fúria de Rodrigo – Briga na estalagem – Exortação do velho Ambrósio: pergunta-lhes se aquilo era aprendido com as letras e os convoca à moderação; narra o próprio exemplo demonstrando na sua miséria presente o efeito dos seus vícios de juventude; exorta os jovens a retornarem para os estudos, do contrário, os amaldiçoa – Gaspar, ofendido, ataca o velho – Gaspar e Gonçalo armados atacam a multidão que invadira o estabelecimento aos gritos do velho – Levante geral contra os desertores – Fuga dos companheiros através do mato espesso.

Com largo passo longe do Mondego,
Alegre a forte gente caminhava.
Gonçalo excede a todos na estatura,
Na força, no valor e na destreza.
Sobre um magro jumento se escarrancha
Tibúrcio, e já dum ramo de salgueiro
Desata ao Norte fresco que assobia
Por vistoso estandarte um lenço pardo.
Cosme, infeliz e sempre namorado
Sem ser correspondido, vai saudoso,
Ama e não sabe a quem: vive penando
E se consola só porque imagina
Que tem de conseguir melhor ventura.
Rodrigo, que de todos desconfia,
é de índole grosseira e gênio bruto,
Não conhece os perigos, nem os teme:
Melancólico sempre, vai por gosto
Viver na choça aonde foi criado,
Qual o Tatu, que o destro Americano
Vivo prendeu e em vão depois se cansa
Por fazê-lo doméstico, que sempre
Temeroso nas conchas se recolhe

19 Qual o Tatu, que o destro Americano] Lin. *Sys. nat.*, *Zool.*, edic. 10, t. I, p. 50. *Dasypus.*

E parece fugir à luz do dia.
Também vinha Bertoldo e traz consigo
Carunchosos papéis por onde afirma
Vir do sétimo Rei dos Longobardos.
Grita contra as riquezas, a Fortuna
Segundo o que ele diz não muda o sangue:
Pisa com força o chão e empavesado
De ações que ele não pode chamar suas
Aos outros trata com feroz desprezo.
Iracundo Gaspar, que te enfureces
No jogo e quando perdes não duvidas
Meter a mão à ferrugenta espada,
Tu não ficaste: as noites sobre os livros
Não queres suportar, porque não temes
Da já viúva mãe as frouxas iras.
Nem tu, Alberto, alegre e desejado
Nas vistosas funções das romarias,
Que és vivo, pronto e ágil, e nos bailes
Tens fama de engraçado e garganteias
Co'a viola na mão trocando as pernas.
Os que aprendem o nome dos autores,
Os que leem só o prólogo dos livros,
E aqueles cujo sono não perturba
O côncavo metal que as horas conta,
Seguiram as bandeiras da ignorância

26 Vir do sétimo Rei dos Longobardos] Povos de Escandinávia e Pomerânia, que se apoderaram da parte da Gália Cisalpina em 568.

Nos incríveis trabalhos desta empresa.

O Sol já sobre os campos de Anfitrite
Inclina o carro e as nuvens carregadas
Importunos chuveiros ameaçam
Quando a velha estalagem os recebe.

Mesa de tosco pinho se povoa
De negras azeitonas e salgado
Queijo que estima a gente que mais bebe.
De um lado e de outro lado se levantam
Pichéis e copos em que o vinho abunda.
Corriam para aqui desafiados
Rodrigo, o triste, e o glutão Tibúrcio.
Este instante fatal é que decide
Da dúbia sorte dos heróis, cobrindo
Um de eterna vergonha, outro de glória.

A feia Noite que aborrece as luzes,
Desce dos altos montes com mais pressa
Por ver este combate e afugentada
Pela sombria luz de uma candeia
De longe observa o novo desafio.
Um e outro, ocupando as mãos, e a boca
Avidamente a devorar começa:
Assim esse animal grosseiro e pingue,
Que de alpestres bolotas se sustenta,
À pressa come e tendo uma nos dentes,
Noutra tem o desejo e noutra a vista.
Rodrigo, quase certo da vitória,
Co'as mãos ambas levanta um grande copo,

Copo digno de Alcides, e à saúde
De todos os famosos Desertores
De uma vez esgotou: então Tibúrcio,
Cheio de nobre ardor, fechando os olhos
Toma um largo pichel e assim lhe fala.

"Vasilha da minha alma, tu que guardas
A alegria dos homens no teu seio,
E tu, filho da cepa generoso,
Se estimas e recebes os meus votos,
Derrama sobre mim os teus encantos."
Já tinha dito muito e enquanto bebe
Voa a cega Discórdia que se nutre
De sangue e de vingança e sobre os copos
Três vezes sacudiu as negras asas.
Viam-se já, nos lívidos semblantes,
A raiva sanguinosa, a má tristeza.
A Noite, a quem o Acaso favorece,
Estende a fusca mão e a luz abafa.
Veloz passa o furor de peito em peito,
Perturba os corações e inspira o ódio.

Só tu, Gonçalo, descrever puderas
Os terríveis estragos desta noite,
Tu, que posto debaixo duma banca
(Por manchar as mãos no sangue amigo),
Sentiste pela casa e pelos ares
Rolar os pratos e tinir os copos.
Range os dentes Gaspar e pelo escuro
Não acerta co'a espada, nem co'a porta:
Quando Ambrósio, que tinha envelhecido

Da Estalagem na mísera oficina,
Co'a candeia na mão assim falava.
"É crível, que entre vós jamais se encontre
Um gênio dócil, sério e moderado?
Isto deveis às letras? respondei-me,
Ou insultai também os meus cabelos
Da triste e longa idade embranquecidos.
Julgais acaso que o saber se infunde
Deixando o nosso nome assinalado
Pelos muros e portas na Estalagem?
Ó néscia mocidade! é necessário
Muito tempo sofrer, gastando a vista
Na contínua lição e sobre os livros
Passar do frio Inverno as longas noites.
E quando já tivésseis conseguido
De tão bela carreira os dignos prêmios,
Muito pouco sabeis, se inda vos falta
Essa grande Arte de viver no mundo,
Essa, que em todo o estado nos ensina
A ter moderação, honra e prudência.
Eu também já na flor da mocidade
Varri co'a minha capa o pó da sala:
Eu também fui *rancho da carqueja*,
Digno de fama e digno de castigo.
Era então como vós. Jamais os livros
Me deveram cuidado e me alegrava
Das noturnas empresas, dos distúrbios:
Os dias se passavam quase inteiros
Nos jogos, nos passeios, nas intrigas,

127 *rancho da carqueja*] Esta companhia de Estudantes cometeu muitos crimes e foi dispersa e castigada.

Que fomentam os ódios e as vinganças.
Por isso estou no seio da miséria,
Por isso arrasto uma infeliz velhice,
Sem honra, sem proveito, sem abrigo.
Tempo feliz da alegre mocidade!
Hoje encurvado sobre a sepultura,
Eu choro em vão de vos haver perdido!"
Assim suspira e geme e continua.
"Conservai, sempre firme, na memória,
De um velho desgraçado o triste exemplo,
E aprendei a ser bons, que a vossa idade
As indignas ações não justifica.
Mas se vós desprezais os meus conselhos,
Nunca gozeis o prêmio dos estudos:
Aflições e trabalhos vos oprimam,
Enquanto o mar das Índias vos espera."

Então Gaspar, tomando o caso em brio,
Aceso de ira com valor responde,
Traça o capote e tira pela espada.
O velho grita e foge: às suas vozes,
De rústico um povo se enfurece,
E toma as armas e bradando avança.
Qual nos imensos e profundos mares
O voraz Tubarão entre o cardume
De argentadas Sardinhas; elas fogem,
Deixam o campo, e nada lhe resiste:
Assim Gonçalo, a quem já todos temem,
Faz espalhar a turba que o rodeia,

E só deixa a quem foge de encontrá-lo.

Gaspar, que o rosto nunca viu ao medo,
A todos desafia e não perdoa
De uma oliveira ao carcomido tronco,
Que ele julga broquel impenetrável,
Vendo estalar da sua espada a folha.

Da noite a densa névoa favorece.
Receosos de nova tempestade,
Salvam as vidas os Heróis fugindo
Por entre o mato espesso. Ouvem ao longe
Da vingativa plebe a voz irada.
À clara luz das pinhas resinosas
Aparecem as foices e aparecem
Chuços, cacheiras, trancas e machados.
Levanta-se o clamor e a crua guerra,
Que o sangue dos mortais derrama e bebe,
Gira por toda a parte e move as armas.
Entanto a valerosa companhia,
Amparada da sombra feia e triste,
Voa por longo espaço sobre as asas
Do pálido terror. Não de outra sorte
Rasos xavecos de piratas Mouros,
Quando aos ecos do bronze fulminante
Vêem tremular as vencedoras Quinas
Sobre a possante Nau, que oprime os mares,
Fogem à vela e remo, e não descansam
Sem ter beijado as Argelinas praias.

173 À clara luz das pinhas resinosas] Costumam os rústicos acender de noite as pinhas.

Ouvem-se então diversos sentimentos.
Chora Gaspar de se não ter vingado,
E ainda aqui colérico assevera
Que a não faltar-lhe a espada não fugira.
Espada, que ao romper as linhas d'Elvas,
Se dos velhos Avós não mente a história,
Abriu de meio a meio um Castelhano.

Teme Bertoldo que o encontre o Povo
E no meio daquela escuridade
Chega-se aos mais com pânico receio.
Cosme, quase insensível aos perigos
E aos amargos momentos desta noite,
Aproveita o silêncio, o sítio, a hora,
Para chorar saudades sem motivo.
Só Gonçalo pensava cuidadoso
Em salvar os aflitos companheiros:
Assim o astuto assolador de Troia,
Quando os Gregos heróis ouviu cerdosos
Grunhir nos bosques da encantada Circe,
Ou quando viu a detestável mesa
Na vasta cova do Ciclope horrendo.
"Onde estarás fiel e caro amigo?"
(Dizia o condutor da estulta gente)

193 Espada, que ao romper as linhas d'Elvas] Gloriosa batalha, que ganhou D. Antonio Luiz de Menezes, Excelentíssimo Conde de Castanhede, no ano de 1658. A este herói também se deve o triunfo de Montes Claros.

205 Assim o astuto assolador de Troia] Ulisses, cujos companheiros foram transformados por Circe. Homr. *Odiss.*, I, X, v. 238.

208 Ou quando viu a detestável mesa] Polifemo devorou dois Gregos em presença de Ulisses. *Odyss.*, I. IX, v.289.

"Se tu me faltas como irei meter-me
Nas mãos dum Tio rústico, inflexível?
Voltarei? mas ó Céus! quem me assegura
Que essa velha cruel, nefanda harpia
Não tenha urdido algum funesto engano?
E se o Povo indignado e ofendido
Nos vem seguindo, e ao surgir da Aurora
Neste inculto deserto... Céu piedoso,
Longe, longe de nós tão graves danos."

Gonçalo assim falava e vigilante
Tristes horas passou até que o dia
Apareceu entre rosadas nuvens
Sobre as altas montanhas do horizonte.

Argumento do Canto III

A fama leva no vento os louvores do rei de Portugal pela restauração dos estatutos em Coimbra – Louvor do edifício da Universidade – Semelhante à fama, a infâmia leva as incógnitas notícias, como em bandos de papagaios – Espalha-se assim a murmuração indignada contra a companhia de Gonçalo – A multidão ainda busca o grupo de estudantes – Descrição do *locus horrendus* em que dorme Rufino, que vive nas brenhas daquela serra por causa de um amor não correspondido – Vendo que os vassalos de seu novo reino estavam perdidos nas montanhas e preocupada com o destino deles, que acabariam presos, a Ignorância aparece em sonho ao triste Rufino na forma de sua amada Doroteia, filha do velho Amaro, guardador da cadeia local – No sonho, Doroteia faz promessas de amor a Rufino e o aconselha a mudar-se junto com a companhia de desertores, para guiá-los até Mioselha – Iludido, Rufino acorda confiante quanto à predição da Ignorância – Levados pelo acaso, os desertores encontram Rufino tão logo ele acorda – Gonçalo solenemente pede a orientação ao jovem habitador daquelas brenhas – Rufino se apresenta, refere o próprio sofrimento e o presságio que o animava a viajar – Abandonando a caverna onde queria enterrar o amor não correspondido, assume o serviço de guiar os desertores – Seguem viagem – Quando Gonçalo pensa que o bom sucesso da viagem estava garantido, o grupo é repentinamente cercado pelo povo armado de foices e outras armas de serviços mecânicos – Descrição de combate entre a multidão furiosa e a companhia de desertores – Na briga, diante de um jovem conhecido como gigante Ferrabrás, Gonçalo tropeça e cai – Gaspar tenta em vão salvar o grupo mas perde a espada – Os desertores das letras são levados presos.

A Fama sobre o carro transparente,
Que arrastam através do espaço imenso
O sonoro Aquilon e o veloz Austro,
Cantava o caro nome, a imortal glória
Do Augusto Pai do Povo. Entre milhares
De ações dignas dum Rei, Europa admira
O soberbo Edifício levantado
Que o saudoso Mondego abraça e adora:
Edifício que o tempo doravante
Vê de longe, rodeia, teme e foge:
Que sustenta em firmíssimas colunas
De ciência imortal o Régio Trono.

Se longe da feroz barbaridade
Os olhos abre a forte Lusitânia,
Grande Rei, esta ação é toda vossa.

Entanto a Fama heroica vão seguindo
As velozes e incógnitas notícias,
Que trazem e que levam os sucessos
De país em país, de clima em clima.
Elas voam em turba, enchendo os ares

3 O sonoro Aquilon e o veloz Austro] Aquilon vento setentrional, e Austro meridional.

Dos ecos dissonantes a que atendem
Crédulas velhas e homens ociosos.
Qual no fértil Sertão da Aiuruoca
Vaga nuvem de verdes Papagaios,
Que encobre a luz do Sol e que em seus gritos
É semelhante a um povo amotinado:
Assim vão as Notícias e estas vozes
Pelo campo entre os rústicos semeiam.

Gente inexperta, alegre e sem cuidados,
Fero esquadrão que os vossos campos tala,
Vem destruindo as terras e os lugares.
O povo indócil, cego e receoso,
Que as funestas palavras acredita,
Toma os caminhos e os oiteiros cobre.
Por onde irás, intrépido Gonçalo,
Que escapes ao furor da plebe armada?
Mas já os desgraçados companheiros
Desciam por incógnitas veredas
Para o fundo dum vale cavernoso,
Que o Zêrere veloz lavando insulta
Co'as turvas águas do gelado Inverno.
Há um lugar nunca dos homens visto,
Na raiz de dois montes sobranceiros.
Suam as frias e musgosas pedras,

23 Qual no fértil Sertão da Aiuruoca] Aiuruoca na língua dos índios soa o mesmo que *casa de papagaios*. Este vasto país nas minas do Rio das Mortes é abundantíssimo destas aves.

40 Que o Zêrere veloz lavando insulta] Este pequeno e arrebatado rio perde o nome no Tejo, e faz a maior parte do seu curso por penhascos inacessíveis.

Que dos altos cabeços penduradas
Ameaçam ruína há tempo imenso.
Jamais do Cão feroz o ardor maligno
Desfez a neve eterna destas grutas.
Árvores, que se firmam sobre a rocha,
Famintas de sustento, à terra enviam
As tortas e longuíssimas raízes.
Pendentes caracóis co'a frágil concha
Adornam as abóbadas sombrias.
Neste lugar se esconde temerosa
A Noite envolta em longo e negro manto
Ao ver do Sol os lúcidos cavalos,
Fúnebre, eterno abrigo aos tristes mochos,
Às velhas, às fatídicas corujas,
Que com medonha voz gemendo aumentam
O rouco som do rio acantilado.

Rufino por seu mal sempre extremoso
E sempre escarnecido, suspirando
Aqui se entrega ao pálido ciúme,
De um puro amor ingrata recompensa.
Contam que nestas hórridas cavernas
De míseras angústias rodeado,
Vinha exalar os últimos suspiros
Queixando-se do Amor e da Fortuna.
Entre os braços do sono repousava,
Este infeliz já de chorar cansado;
Quando a inquieta Ignorância, que se aflige
De ver nestas montanhas escabrosas

47 Jamais do Cão feroz o ardor maligno] A constelação chamada Canícula.

Os tímidos amigos, em que funda
De novo império a única esperança,
Por que Rufino os acompanhe e guie
À pingue e suspirada Mioselha,
Que é de tantos heróis Pátria famosa,
Finge o rosto da bela Doroteia,
Doroteia a mais nova, a mais humana,
De quantas filhas teve o velho Amaro.
Ela a roca na cinta, as mãos no fuso,
Em sonhos lhe aparece e mais corada
Que a rosa na manhã da Primavera
A falar principia. "Se até agora
Ingrata me mostrei a teus amores,
Se inconstante e perjura me chamaste,
Dá-me nomes mais doces e ouve atento
De uma alma amante a confissão sincera.
Sempre te amei e espero ver unidos
Os nossos corações em fortes laços
Do casto amor que o Céu não desaprova.
Mas eu sem nada mais, que a lã, que fio,
Tu rico só de afetos e palavras,
Onde iremos que a sórdida miséria
Não seja em nossos males companheira?
Vai-te e longe de mim segue a ventura,
Que firme te hei de ser em toda a idade.
Do velho Afonso o triste e pobre filho,
Pela dura madrasta afugentado,
Também deixou a suspirada Pátria,
E veio em poucos anos o mais rico
Dos bens imensos que o Brasil encerra.
Vês tu quanto cresceu que não cabendo

No paterno casal, ergue as paredes,
Até chegar ao Céu que testemunha
A ditosa união com que ele paga
O firme amor da venturosa Ulina?
Vai pois, Rufino meu, que muitas vezes
Muda-se a terra e muda-se a Fortuna."

Assim falando os braços lhe oferece.
Ó que instante feliz, se Amor perverso,
Dos últimos favores sempre avaro,
Não firmasse esta sombra de ventura
Sobre as asas de um sonho lisonjeiro!
Desperta o triste e desgostoso amante,
E não duvida que a pressaga imagem
Noutro lugar tesouros lhe promete.
Futuros bens na ideia se apresentam,
E ele crê possuí-los. Ó dos homens
Contínuo delirar sem fundamento!
Que bela e fácil se nos pinta a posse
Dum incógnito bem, que desejamos!

Já se ajuntava o esquadrão famoso
Pela mesma Ignorância conduzido,
E Gonçalo primeiro assim falando,
Os mais em roda todos escutavam.

"Benigno habitador de incultas brenhas,
Se um desgraçado errante e peregrino
Dentro em tua alma a compaixão desperta,
Os meus passos dirige, antes que a fome
Com ímpia mão nos deixe frio pasto

Às bravas feras, às famintas aves."

Falava ainda: alguns estremeceram,
Outros amargo pranto derramaram.
Da boca de Rufino todos pendem.
Ele os lânguidos olhos levantando
Já do longo chorar enfraquecidos,
Estas vozes soltou do rouco peito.
"Que Fortuna cruel, maligna, incerta
Vos trouxe a penetrar o intacto abrigo
Destes lugares ermos e escabrosos?
Vós em mim achareis amigo e guia:
Que pode dar alguma vez socorro
Um desgraçado a outro desgraçado.
Duros casos de amor me conduziram
A acabar nesta gruta os tristes dias;
Mas hoje volto por feliz presságio
A tentar noutra parte a desventura."

Acaba de falar movendo os passos
Pelo torcido vão das nuas pedras.
Todos o seguem com trabalho imenso.

Depois que largo tempo caminharam
Por ásperas montanhas, aparecem
Ao longe a estrada e o lugar vizinho.
Qual a nau sofredora das tormentas,
Que, depois de tocar o porto amigo,
Sente fugir-lhe as arenosas praias,
E dos hórridos ventos açoitada
Volta a lutar c'o pélago profundo:

Assim Gonçalo, quando ver espera
Tranquilo fim de míseros trabalhos,
O povo o cerca e dos confusos gritos
As montanhas ao longe retumbaram.
Vós, ó Musas, dizei como a Discórdia
Com o negro tição que acende os peitos,
Mostra o rosto de sangue e pó coberto,
Seguindo os passos do homicida Marte.

Aqui não aparecem refulgentes
Escudos de aço e bronze triplicado,
Não assombram a testa dos guerreiros
Flutuantes penachos que ameaçam,
Como tu viste, ó Troia, ante os teus muros;
Mas o valor intrépido aparece
A peito descoberto. O povo armado
De choupas, longos paus e curvas foices,
É semelhante a um bosque de pinheiros,
Que o fogo devorou, deixando nuas
As elevadas pontas. Animoso
Dispõe Gonçalo a forma de batalha
Posto na frente: à sua voz a um tempo
Todos avançam, todos se aproveitam
Das perigosas e terríveis armas,
Que o terreno oferece em larga cópia.
Voa a cega Desordem e aparece
No meio do combate. Por um lado
Gaspar se opõe arremessando pedras
Com força tal que atroam os ouvidos.
Gonçalo doutra parte invicto e forte
Abre com ferro agudo amplo caminho.
Já pendia a balança da vitória

Contra a tímida gente que se espalha;
Quando chega atrevido Brás, o forte.
(Gigante Ferrabrás lhe chama o povo
Pela enorme estatura e força incrível)
Ergue a pesada maça sem trabalho,
Qual nos montes de Lerne o fero Alcides:
Gonçalo evita a morte com destreza.
Ele renova os formidáveis golpes;
Mas o irado mancebo ao desviar-se
Tropeça e cai. Neste arriscado instante
Serias morto, intrépido Gonçalo,
Se Gaspar com um rochedo áspero e rombo
Não atalhasse do inimigo a fúria,
Quebrando-lhe com golpe repentino
Ambas as canas do direito braço.
Rangem os ossos e a terrível maça
Caindo sobre a terra ao longe soa.
Torna a juntar-se a fugitiva plebe,
E o prudente Gonçalo que deseja
Mostrar o seu valor noutros perigos,
Finge-se morto: a turba irada o pisa,
Mas ele não se move. Contra todos
Então Gaspar em cólera se acende:
Ameaça, derriba, ataca e fere;
Até que já sem forças, rodeado
Vê de seus companheiros os opróbrios.

Soa nas costas dos heróis valentes
O duro azambujeiro e são levados

196 Qual nos montes de Lerne o fero Alcides] Lerne, lago de Acaia, onde Hércules matou a Hidra.

Ao som terrível de insultantes gritos
Para a escura prisão que os esperava.
Gonçalo, o bom Gonçalo as mãos atadas,
Os olhos para o chão, porque era terno
Não refreou o compassivo pranto.
A par dele Bertoldo em vão lamenta
A falta de respeito que devia
Rústica plebe ao neto de Alarico
Com vagaroso passo todos marcham,
Como as ovelhas por caminho estreito.
Tal depois da ruína de um Quilombo
Vem a indômita plebe da Etiópia,
Quando rico dos louros da vitória
O velho Chagas sempre valeroso
Cobre o fuzil da pele da Guariba,
E forra o largo peito c'os despojos
Da malhada Pantera e do escamoso
Jacaré nadador, que infesta as águas.

226 Rústica plebe ao neto de Alarico] Alarico, Rei dos Godos, que alcançou muitas vitórias contra os Romanos no tempo de Honório.
229 Tal depois da ruína de um Quilombo] Fortificação de escravos rebelados, que muitas vezes se fazem temidos pelas suas hostilidades.
232 O velho Chagas sempre valeroso] Este famoso Índio foi dos que mais se assinalaram nas ocasiões de ataques contra os escravos.
233 Cobre o fuzil da pele da Guariba] Guariba, espécie de mono, cuja pele serve aos viajantes dos sertões para livrar o fuzil da umidade, e costumam estes homens forrar-se com a pele dos animais que matam. Pode ver-se M. Buffon no tom. IV, edic. de 4 vol., p. 378. Lin., *Sys. nat. anim*, ed. 10, tom. I, p. 26, *Paniscus*, *Marcgrave*, 226.
235 Da malhada Pantera] Lin. *Sys. nat. anim.*, ed. 10, p. 41. *Pardus*.
236 Jacaré] Crocodilo brasiliense. *Marcgrave*, 242. Lin. *Sys. nat.*, p. 200, *Crocodilus*.

Argumento do Canto IV

Episódios na prisão onde o velho Amaro é carcereiro – Tibúrcio faz passar-se por um monge eremita que se hospeda com Amaro – Embuste sobre Doroteia: primeiro Tibúrcio, fingindo-se monge, e depois Marcela, uma vidente, lançam o falso presságio de que Doroteia é a prometida de Gonçalo, conforme combinado com todos, inclusive com o herói – Como parte do embuste, Gonçalo deixa palavras apaixonadas num papel – Esperanças de Doroteia sobre o bem vindo esposo – Trazendo vinho e presunto aos presos, a moça leva a resposta que Gonçalo e companhia esperavam: promete soltá-los na calada da noite com as chaves do pai – Sonho de Gonçalo na cadeia: a Verdade, a Justiça e a Paz se apresentam alegorizadas lado a lado – No sonho, louvam-se os progressos da Reforma da Universidade – Mesmo sentindo o suave efeito da Verdade, Gonçalo denega do seu apelo e de sua advertência – Doroteia, enganada pelos companheiros e pela vidente, planeja libertar os prisioneiros – Ao fazê-lo, tropeça e acorda o pai, mas Tibúrcio improvisa um fantasma com o lençol do carcereiro, fingindo ser seu pai que o vinha buscar do outro mundo – Enquanto o velho treme de medo, Doroteia liberta os companheiros e o presumido esposo a quem se entrega, fazendo sofrer Rufino, enganado pela Ignorância, e também Cosme, enganado pelo Amor – Fuga dos amigos pela floresta – Combate entre os amigos por conta de Doroteia, que notara tarde o embuste que sofrera e pelo qual tivera culpa – Doroteia tenta matar Gonçalo com a espada do herói – Fim da luta, com a imobilização violenta de Doroteia por três dos companheiros.

Tibúrcio, que nas guerras da estalagem
Soube abrandar os inimigos peitos,
Pondo-se como em êxtase profundo
Com os olhos no Céu e as mãos no peito,
Vem a empenhar a força das intrigas.
Que não farás, intrépida Ignorância,
Por libertar os tristes prisioneiros!

Tem o cuidado das ferradas portas,
Amaro, vigilante inexorável;
Mas crédulo e medroso; e tem ouvido
Não sem horror pela calada noite
Grasnar nos ares e mugir nos campos
Feias bruxas e vagos lobisomens.
Com ele o Antiquário se acredita
Por um devoto e santo Anacoreta,
Que passa os breves dias deste mundo
Entre os rigores duma austera vida.
Amaro, que se fia de aparências,
Para nutrir o frágil penitente
Vai degolando os patos e as galinhas.
Entanto (quem dissera!) a própria filha
Inocente era o móvel deste enredo,
Seu nome é Doroteia e no semblante
Gênio se lhe descobre inquieto e leve.

E como estes momentos preciosos
Não se devem perder, depois que a fome
Afugentou do estômago vazio,
Com branda voz em tom de profecia,
Humildade afetando assim começa.

"Pois tanta caridade usais comigo
O Senhor, que reparte os seus tesouros,
Vos encherá de mil prosperidades.
A vossa filha... mas convém que eu cale
Os segredos que o Céu me comunica.
Inda vereis nascer, entre riquezas,
Os venturosos netos, doce arrimo
Aos fracos dias da caduca idade."
O velho então co'as lágrimas nos olhos
Assim falou: "ó filho Abençoado,
Que pela débil voz já me pareces
Habitador do Céu, quanto consolas
As pecadoras cãs que te estão vendo!
Assim talvez seria o meu Leandro,
Se as bexigas em flor o não roubassem!
Dez anos tinha, quando a morte avara
Cortou co'a dura mão seus tenros dias."
Então suspira e segue passo a passo
A longa enfermidade; e enquanto narra,
Aparece Marcela, conhecida
Entre todas as velhas por mais sábia
Em penetrar, olhando para os dedos,
Tudo quanto já dantes lhe contaram.

51 Em penetrar, olhando para os dedos] Esta superstição tem tido grande uso, vulgarmente *dizer a buena dicha*.

Sobre o pequeno pau a que se encosta,
Ela vem debruçada pouco a pouco,
O semblante enrugado, os olhos fundos,
Contra o nariz oposta a barba aguda:
Os dois últimos dentes balanceiam
Com pestífero alento, que respira.
Em segredo lhe mostra Doroteia
A esquerda mão por que ela decifrasse
As confusas palavras de Tibúrcio.
Ela observa e, depois de mil trejeitos,
Franzindo a testa, arcando as sobrancelhas,
Com voz trêmula e fraca assim dizia.

"Ó que grande ventura o Céu te guarda!
Por esposo terás um cavalheiro
Que te ama e te deseja. Mas ai triste!
Em vão chora infeliz o terno amante
Nesta escura prisão desconhecido
Por casos de Fortuna. Criai filhos,
Ó desgraçadas mães, para que um dia
Longe de vós padeçam mil trabalhos!"
Aqui suspira a boa velha e chora.
Duas vezes começa e depois fala.
"O seu nome é Gonçalo: é rico e nobre,
E mancebo gentil, robusto e louro."
Estas e outras palavras lhe dizia,
E Doroteia já se sente amante,
Excogitando os mais seguros meios
De abrir a porta e dar-lhe a liberdade.
Na molesta prisão, o novo engano,
De imperceptível arte pronto efeito,

Sabe o Herói e assim consigo fala.
"Ó amigo tão raro como a Fênix,
Que podendo deixar-me entre estes ferros,
Vens encher-me de alívios e esperanças!"
Valentes expressões em crespa frase,
Que ao *Alívio de tristes* rouba a glória,
Pensando, felizmente ressuscita
Aquelas hiperbólicas finezas,
Que em seus escritos prodigou Gerardo,
Num pequeno papel como convinha
A triste e desgraçado prisioneiro,
Viu Doroteia as letras amorosas,
Que os ditos confirmaram de Marcela;
E dois grandes presuntos, que jaziam
Intactos na despensa do bom velho,
Vão levar a resposta, acompanhados
Do roxo néctar, que dissipa os males.
Mensageira fiel, então afirma,
Que virá Doroteia abrir-lhe as portas
Nas horas em que o plácido sossego
Dos cansados mortais os olhos cerra.
Gonçalo espera tímido e confuso,
Vem-lhe à memória o seu antigo afeto;
Qual leve sombra, escuta, arde e deseja
Sentir no coração novas cadeias.

Já com a fria mão a noite escura
Entre o miúdo orvalho derramava

88 *Alívio de tristes*] Romance vulgar.

91 Que em seus escritos prodigou Gerardo] Gerardo de Escobar fez uma obra que intitulou *Cristais d'alma*, cheia de ridículas hipérboles.

Papoilas soporíferas, que inspiram
O brando sono e o doce esquecimento.
Reina o vago silêncio que acompanha
De amor furtivo os trágicos transportes.
Gonçalo então, cansada a fantasia
Sobre os meios e os fins de seus projetos,
Pouco a pouco se esquece, e pouco a pouco
Cerra os olhos, boceja, dorme e sonha.
Quando voa do leito, onde deixava
Nos braços do Descanso ao Pai da Pátria,
A brilhante Verdade, e lhe aparece
Numa nuvem azul bordada d'ouro.
A Deusa ocupa o meio, um lado, e outro
A severa Justiça, a Paz ditosa.

"Benignos Céus, enchei meus puros votos:
Fazei que esta celeste companhia,
Como do terno Avô rodeia o trono,
De seu Neto imortal orne a Coroa."

Gonçalo viu e pondo as mãos nos olhos
Receia e teme de encarar as luzes.
"Abre os olhos, mortal," (assim lhe fala
Do claro Céu a preciosa filha)
"Abre os olhos, verás como se eleva
Do meu nascente Império, a nova glória.

126 Como do terno Avô rodeia o trono] O Augusto e Fidelíssimo Rei de Portugal.

127 De seu Neto imortal orne a Coroa] O Sereníssimo príncipe herdeiro.

133 Do meu nascente Império, a nova glória] A Universidade de Coimbra novamente criada.

Esses muros, que a pérfida Ignorância
Infamou temerária com seus erros,
Cobertos hão de ser em poucos dias
Com eternos sinais de meus triunfos.
Eu sou quem de intrincados Labirintos
Pôs em salvo a Razão ilesa e pura.
Eu abri aos mortais os meus tesouros:
Fiz chegar aos seus olhos quanto esconde
No seio imenso a fértil Natureza.
Pode uma destra mão por mim guiada
Descrever o caminho dos Planetas;
O mar descobre as causas do seu fluxo;
A Terra... mas que digo? Que ciência
Não fiz tornar às margens do Mondego,
Ou dentre os braços da Latina Gente,
Ou dos belos países, cujas praias
O mar azul por toda a parte lava?
Se são firmes por mim o Estado, a Igreja,
Se é no seio da paz feliz o Povo,
Dizei-o vós, ó Ninfas do Parnaso,
Ilustres, imortais, vós que ditastes
As poderosas leis a vez primeira,
Vós que ouvistes da lira de Mercúrio
Os úteis meios de alongar a vida.
Eu vejo renascer um Povo ilustre

138 Eu sou quem de intrincados Labirintos] A Filosofia Racional sem os enredos dos silogismos Peripatéticos.
140 tesouros] A física.
141 Fiz chegar aos seus olhos quanto esconde] A história natural.
148 Ou dentre os braços da Latina Gente] Os ótimos e famosos Professores, que El Rei Fidelíssimo atraiu de diversas partes da Europa.

Nas armas e nas letras respeitado.
O seu nome vai já de boca em boca
A tocar os limites do Universo.
O pacífico Rei lhe traz os dias
Dignos de Manuel, dignos de Augusto.
E tu enquanto a Pátria se levanta,
Sacudindo os vestidos empoados
Co'a cinza vil dum ócio entorpecido,
Enquanto corre a mocidade alegre
A colher louros ávidos de glória,
Serás o frouxo, o estúpido, o insensível?
Sacrificas o nome, a honra, a Pátria
Aos moles dias de uma vida escura?
Cego, errado mortal, vê que te enganas."
Disse: e cerrada a nuvem luminosa,
Estremece Gonçalo; foge o sono;
Por toda a parte lança incerto a vista,
Busca assustado, mas já nada encontra.
As mesmas impressões em seus sentidos
Vivas imagens pintam e não sabe
Se então dormia, ou se inda agora sonha.
Sente a suave força da Verdade;
Mas recusa abraçá-la. Triste sorte
D'alma infeliz que ao erro se acostuma!

Entanto sem receio o Velho dorme,
E a filha vem as sombras apalpando
Com as chaves na mão; e quantas vezes
Segue, vacila e para, e lhe parece

163 Dignos de Manuel] O senhor rei D. Manuel, chamado o Feliz.

Ouvir a voz do Pai; escuta e treme;
Move os passos, tropeça e ao ruído
Acorda Amaro e grita. Ela se apressa,
E torna a tropeçar. Aqui Tibúrcio
Em casos repentinos pronto e destro
Em um lençol se embrulha e corre ao leito
Onde jazia o Velho espavorido,
Que cuida que vê bruxas e fantasmas:
Então lhe diz em tom medonho: "Ó filho,
Ingrato filho, que dum Pai te esqueces!
Que mal, que mal cumpriste os meus legados!
Hoje comigo irás. . . " Ao Velho o medo
Corre as medulas dos cansados ossos;
A voz lhe falta, eriça-se o cabelo.
Entanto as portas Doroteia abrindo
(Amor a fez intrépida) abraçava
O prometido esposo; ele se apressa,
Acorda os miserandos companheiros,
Que se alegram, deixando solitárias
As vagas sombras da prisão funesta.
Passa o resto da noite entre temores
Amaro, quanto pode o prejuízo!

Apenas matizava a branca aurora
Da Tíria cor o véu açafroado,
Quando o Velho ao través da luz escassa
Viu abertas as portas. "Doroteia,
Doroteia onde estás?" Assim clamava,
E entregue à sua dor consulta os olhos
Do profeta que pronto a pôr-se em marcha
Com rosto de candura e de inocência

Brandamente o consola. "O Céu, Amigo,
Tudo faz por melhor e muitas vezes
Com trabalhos cruéis aos bons aflige."
Disse e deixando ao Pai desconsolado,
Caminha na esperança de encontrar-se
C'o valente esquadrão dos fugitivos.
O Sol já com seus raios luminosos
Tinha roubado às folhas dos arbustos
O frio gelo do noturno orvalho.
Eis à sombra de fúnebre arvoredo
Rufino, o melancólico, chorando.
"Quem és, que em tua mágoa inconsolável,
Pareces abalar estas montanhas?"
Compassivo, pergunta o Antiquário.
E depois de chorar por largo tempo,
Estas vozes o triste lhe tornava.
"Eu sou aquele amante sem ventura,
Sempre extremoso e sempre escarnecido,
Sofredor das ingratas esquivanças
Que vi (ai dura vista!) face a face
Do tardo Desengano o feio rosto.
Ah Doroteia, um sonho lisonjeiro
Meus dias dilatou para que agora
Te visse em outros braços insultando
O meu fiel amor? Ó noite infausta,
Noite terrível, noite acerba e dura!
Quanto eu fora feliz se a tua sombra
Eternamente os olhos me cobrisse!"

Tibúrcio, que já tudo penetrava,
Do caminho se informa e dos lugares,

Por onde fora a incerta companhia,
Que em tanto risco o seu conselho espera.

Não distante se eleva antigo bosque
Horroroso por fama: já nos tempos,
Em que torrente Bárbara saindo
Do seio da Meótis inundava
As províncias de Europa, aqui se via
Arruinado Templo. Os vivedouros
Ciprestes se levantam sobre os pinhos;
Heras e madressilvas enlaçadas
Ali fazem curvar a crespa rama
Dos velhos e infrutíferos carrascos.
Três fontes misturando as puras águas
Mansamente se envolvem e oferecem
À vista cobiçosa os alvos seixos
E os verdes limos que no fundo nascem.
Os amigos fiéis aqui se encontram.
Qual, em noite funesta e pavorosa,
Perdido caminhante que receia
Achar em cada passo um precipício,
Se acaso a dúbia luz divisa ao longe
A esperança renasce e de alegria
Sente pular o coração no peito:
Assim o Desertor, constante e forte,
Ao ver o companheiro que prudente
Sabe evitar e prevenir os males.
Eles se reconhecem e derramam
De alegria e ternura o doce pranto.

251 Em que torrente Bárbara saindo] A irrupção dos bárbaros foi no século V.

Ó vínculos do sangue e da amizade!
Menos unidos viu o Lácio antigo
Aos dois Troianos, que uma cega noite,
Espalhando o terror no campo adverso,
Levou às turvas margens de Aqueronte.
Gonçalo se retira pelo bosque;
Com ele vai Tibúrcio e mil projetos
Formavam sobre o fim da grande empresa;
E a muito fácil e infeliz donzela
Do seu profeta o rosto e a voz conhece,
E pensa e teme de se achar culpada.

Então o Amor, que na sonora aljava
Esconde setas de mortal veneno,
E setas doutro ardor mais grato e puro,
Fazia escolha das terríveis armas,
Para vingar-se da cruel Marfisa:
Marfisa ingrata, pérfida, inconstante,
Peito de bronze, a quem a natureza
Não formou para ternos sentimentos.
E por ver se os seus tiros correspondem
Sempre fiéis à mão e ao desejo,
Faz no teu peito, ó Doroteia, o alvo,
As forças prova e a destreza ensaia.
Encurva o arco ebúrneo, solta e voa
Sequiosa de sangue a ponta aguda
Tinta no Averno. Ao golpe inevitável
Tremeu o coração e um vivo lume
Nos olhos aparece: do seu braço

277 Aos dois Troianos, que uma cega noite] Niso e Euríalo. *Virg.*

Admira a força Amor. Vai outra seta
Ao brando peito incauto e descoberto
Do mancebo infeliz. A vez primeira
Soube de amor o namorado Cosme.
Que violenta paixão pode encobrir-se!
Os olhos falam: seguem as palavras;
E depois o delírio. O tempo é surdo
Aos votos dos amantes. Eles viam
Crescer ditoso em rápidos momentos
De uma nova esperança o belo fruto;
Mas Gonçalo a favor dos arvoredos
Oculto chega, para e ceva as iras.
Tal pode ver-se o rápido Jaguará
Do fértil Ingaí nos vastos campos,
Se tem defronte o cervo temeroso.
Encolhe-se torcendo a hirsuta cauda,
Tenta, vigia, espera e lambe os beiços
Formando o salto sobre a incauta presa.
Cegos amantes, aprendei agora
Os perigos da nímia confiança.
O zeloso Gonçalo investe, acodem
Os companheiros duma e doutra parte.
Triste ruído! pedras contra pedras
Ali se despedaçam; ao seu lado
Acha Cosme a Rodrigo, acha a Bertoldo.
Enquanto dura o férvido combate,
Doroteia, que vê sem uso a espada,
De que o Herói em fúria se não lembra,

315 Jaguará] Marcgrave *Hist. Brasil.*, p. 235.
316 Ingaí] Rio da América, nas Minas do Rio das Mortes.

(Que não farás, Amor, tu que transformas
Uma donzela num feroz guerreiro!)
Desembainha; a Morte insaciável
Lhe afia o gume e o furor sanguíneo
Ergue e dirige o ferro; já pendente
Sobre Gonçalo o golpe, salta e chega
O amigo a tempo de salvar-lhe a vida,
Pelos braços a aperta e neles grava
Roxos sinais dos dedos. Em derrota,
Correm os três e o campo desamparam.
O mísero, infeliz e novo amante
As negras fúrias levam que despertam
No aflito coração desesperado
Ciúme, raiva, amor, ódio e vingança.
Assim o invicto domador dos monstros,
Quando por mão da crédula consorte
Recebeu o vestido envenenado
No sangue infausto do biforme Nesso,
Os rochedos e os montes abalava
Soaram os seus fúnebres gemidos
Por longo tempo nas Ismárias grutas.
Valentes e indiscretos vencedores
Tarde conhecereis e muito tarde,
Que um amigo ultrajado é perigoso.

Para soltar os oprimidos braços
Doroteia se empenha; mas Tibúrcio,

345 Assim o invicto domador dos monstros] Hércules, que recebeu de Dejanira o vestido tinto no sangue do centauro Nesso, e agitado das Fúrias se lançou no fogo.
351 Por longo tempo nas Ismárias grutas] Ismaro, monte de Trácia.

Lançando a esquerda mão à ruiva trança,
A fez voltar, torcendo-lhe o pescoço,
Ao claro Céu a vista ameaçante.
Gaspar o ferro dentre as mãos lhe arranca;
Este um braço sustenta, outro Gonçalo,
E ela presa e sem forças grita e geme.
Não doutra sorte o touro da Chamusca,
Quando três cães o cercam atrevidos,
Dois pendem das orelhas e um da cauda.
A cornígera testa em vão sacode:
Contra a terra se arroja a um lado e outro,
E depois que não pode defender-se,
Mugindo exala a indômita fereza.

363 touro da Chamusca] Todos sabem que desta vila são bravíssimos os touros.

Argumento do Canto V

Conselho dos heróis sobre o destino de Doroteia prisioneira – Sofrimento de Doroteia – Os efeitos da imprudência no Amor que leva além dos limites da razão – Para que Rufino parasse de queixar-se da Fortuna, o Acaso, filho dela, conduz o amante não correspondido aonde Doroteia ficara amarrada – Chegada dos companheiros a Mioselha – Por ciúmes de Gonçalo, Cosme vai ao tio contar as causas da derrota nos estudos – Gaspar determina que os amigos se abriguem na casa de sua mãe – Jantam levemente – Tibúrcio chora de fome e lamenta o tempo em que tivera uma ocupação como tesoureiro de uma irmandade – Descrição da biblioteca do tio de Gaspar, que se gabava de livros que para o estilo da Universidade restaurada eram já obras de mau gosto – Amaro segue o grupo que lhe roubara a filha – O povo cerca a casa – A Ignorância fala pela boca de Gonçalo, exortando os amigos a mais uma vez lutar contra a multidão – Gonçalo precipita um vaso grande do alto do sobrado sobre a multidão, fazendo muitos feridos – Começa assim a penúltima pragmatografia de guerra, descrição de homens em ação bélica – Os desertores fogem por um postigo em que Tibúrcio fica entalado – Encontro de Gonçalo com o tio, cujas iras se anunciaram no primeiro canto do poema – O tio apela para que Gonçalo volte aos estudos – Gonçalo denega – Pragmatografia final da surra de pau que Gonçalo leva do tio – A Ignorância goza o Império que ainda tem sobre aqueles espíritos fracos condenados ao ostracismo na província – Peroração: a voz poética do poema herói-cômico pede que as mesmas mãos e cetro que a expulsaram de Coimbra confinem o monstro da Ignorância definitivamente nas montanhas mais ermas onde o céu não cansa de lançar raios.

Alto conselho aqui se faz, aonde,
Infeliz Doroteia, o teu destino
Cruel e dúbio dum só voto pende.
Dos três heróis discordam as sentenças.
Um deseja que fique em liberdade
E do Pai ultrajado exposta às iras.
Inexorável outro pensa e julga
Que a sua morte deve dar exemplo,
Que encha d'horror as pérfidas amantes.
Gonçalo, que era o único ofendido,
Consulta o coração e se enternece.
Mas o ardente Ciúme, que se alegra
De pintar como crimes horrorosos,
Inocentes ações, então lhe mostra
A feia Ingratidão e o torpe Engano.
A Vingança cruel e o vil Desprezo,
Ainda mais terrível que a Vingança,
Ganham do coração ambas as portas.
Mimosa Doroteia, e como ficas
Co'as mãos ligadas a um pinheiro bronco
Sem outra companhia que os teus males!
É este o prêmio, filhas namoradas,
Este o prêmio de Amor, quando imprudente
Os termos passa que a razão prescreve.
De quando em quando um ai do peito arranca,

Que ao longe os tristes magoados Ecos
Desperta e faz sentir os duros troncos.
E espera sem defesa (sorte ingrata!)
Que a devorem os lobos carniceiros.
Assim ligada aos ásperos rochedos
A filha de Cefeu ao mar lançava
A temerosa vista e lhe parece
A cada instante ver surgir das ondas
A verde espalda do marinho monstro.

Sem esposo, sem pai, sem liberdade,
Mísera Doroteia chora e geme.
“Ai, Marcela cruel, que me enganaste
Com teus belos, fantásticos agouros!
Queira o Céu que outras lágrimas sem fruto
Mil vezes tresdobradas te consumam
Os encovados olhos! Que inda a Morte
Às tuas vozes surda correr deixe
Piorando em seu curso vagaroso
Os momentos de dor e de amargura!”

Assim falava. A leve Fantasia
Com as cores mais vivas lhe apresenta,
De escarpados rochedos no alto cume,
O palácio da cândida Inocência,
Cercado de funestos precipícios.
Ó morada feliz, onde não torna
Quem uma vez rodou entre as ruínas!
Giram no plano do elevado monte

31 A filha de Cefeu] Andrômeda foi exposta a um monstro marinho. Ovi, *Metamorphose*.

Cruas dores, remorsos devorantes,
As três Irmãs, a Peste, a Fome, a Guerra,
O pálido Receio, o Crime, a Morte,
As Fúrias e as Harpias, que se envolvem
No turbilhão dos míseros cuidados.

Então, de tantas lágrimas movida
A mãe soberba do propício Acaso,
A mudável Fortuna e já cansada
De ouvir as tristes queixas de Rufino,
Tais palavras ao filho dirigia.

"Esse amante infeliz que em vão suspira,
Ache a dita uma vez e enxugue o pranto."
Acaba de falar e ao mesmo tempo
Rufino para o bosque se encaminha,
E o Acaso o conduz por entre as sombras
Da pavorosa Noite que já desce.
À rouca voz da mísera donzela
Palpita o coração: o Amor e o Susto
Quiméricas imagens lhe afiguram;
Mas ele chega: o próprio crime e o pejo
Cobrem de roxas nuvens o semblante
De Doroteia ao ver-se ainda amada
Por aquele que foi há poucas horas
Alvo de seus insultos e desprezos.
A mole vista, as lágrimas em fio,
Que aos corações indômitos abrandam,
Que fariam num peito namorado?
Tu lhe ensinas c'o fraco rendimento
Os meios de vencer. Ó sete vezes

Venturoso Rufino, se ela um dia
Não quiser renovar os seus triunfos
E medir a fraqueza do teu peito
Pelo grande poder das suas armas!

Depois de longa e trabalhosa marcha,
Cansado de sofrer enfim respira
O Desertor e mostra aos companheiros
Os conhecidos montes. Fuma ao longe
A fértil Mioselha e pouco a pouco
Os oiteiros e as casas aparecem.

Tibúrcio, que uma antiga e voraz fome
Sofreu nestes aspérrimos trabalhos,
Com gosto espera de afogá-la em vinho,
E já se apressa alegre e transportado.
Qual o novilho que perdeu nos bosques
A doce vista do rebanho amigo,
E depois devagar a noite e o dia
Por vales sem caminho a Mãe conhece,
Alegre salta e berra e por momentos
Espera umedecer entre carícias
C'o leite represado a boca ardente.

Mas Cosme, que conserva na memória
As passadas injúrias, por vingar-se,
Ao Tio de Gonçalo, narra as causas
Da funesta derrota. Determina
Gaspar que os fatigados companheiros
Achem na própria casa um doce abrigo.
De os ver a Mãe se aflige; mas espera

Que obrigados da fome se retirem.
Leve foi o Jantar, mais leve a Ceia,
E Tibúrcio com pena assim chorava
Os dias, em que fora Tesoureiro
Duma rica e devota Confraria.
"Ó santa Ocupação, tu nunca viste
A magra mão da pálida Miséria,
Que os fracos membros do mendigo apalpa.
Sem trabalho em teus próvidos Celeiros
A ditosa Abundância se recolhe.
Se torno a possuir-te, quantas vezes
Dos cuidados tenazes e importunos
Lavarás a minha alma nas perenes
Purpúreas fontes do espremido cacho!"

Mostra Gaspar vaidoso a livraria,
Donde o Tio Doutor sermões tirava.
Mau Gosto, que à razão não dás ouvidos,
Vem numerar as obras, que ditaste:
Seja a última vez e eu te asseguro
Que não vejas fumar nos teus altares
Do Gênio Português jamais o incenso.

Geme infeliz a carunchosa Estante
C'o peso de indulgentes *Casuístas*,
Dianas, Bonacinas, Tamburinos,
Moias, Sanches, Molinas e Lagarras.
Criminosa Moral, que em surdo ataque
Fez nos muros da Igreja horrível brecha,

132 *Casuístas*] Pode ver-se o que deles diz Concina, *Appar. ad Theol. christ.*, c. IV, cap. 5.

Moral, que tudo encerra e tudo inspira,
Menos o puro amor que a Deus se deve.
Aparecei famosa *Academia*
De humildes e ignorantes, *Eva e ave*,
Báculo pastoral, e *Flos sanctorum*,
E vós, ó *Teoremas predicáveis*,
Não tomeis o lugar, que é bem devido
Ao *Kess*, ao *Bem Ferreira*, ao *Baldo*, ao *Pegas*,
Grão-Mestre de forenses subterfúgios.
Aqui Tibúrcio vê o amado *Aranha*,
O *Reis*, o bom *Supico* e os dois *Suares*:
Dum lado o *Sol nascido no Ocidente*,
E a *Mística Cidade*, doutro lado,
Cedem ao pó e à roedora traça.
Por cima o *Lavatório da consciência*,
Peregrino da América, os *Segredos*
Da Natureza, a *Fênix renascida*,
Lenitivos da dor e os *Olhos de água*:
Por baixo está de *São Patrício a cova*,
A *Imperatriz Porcina* e quantos *Autos*
A miséria escreveu do Limoeiro

142 *Teoremas predicáveis*] Coleção de sermões.
147 *Suares*] Lusitano e Granatense.
154 *Olhos de água*] Obra que tem este título – Fluxo Breve, desengano perene, que o Pégaso da Morte abriu no monte da contemplação em nove olhos de água para refrescar a alma das securas do espírito etc. Todas as obras nomeadas neste lugar são conhecidas, e quando o não fossem bastaria ver os títulos para julgar do seu merecimento, e da barbaridade do século em que foram escritas. Talvez não sejam estas as mais extravagantes à vista do *Chrysol Seraphico, da Tuba concionatoria, Syntagma comparistico, Primavera Sagrada etc.*
157 Limoeiro] A cadeia pública da Corte.

Para entreter os cegos e os rapazes.
Rudes montões de Gótica escritura,
Quanto cheirais aos séculos de barro!
Falta ainda uma Estante; mas Amaro
Seguindo os passos da roubada filha
Caminha aflito e de encontrar receia
O valente esquadrão que procurava.
Tanto a fama das bélicas proezas
O seu nome fazia respeitado!

Que novas desventuras se preparam!
O povo cerca da Viúva as portas;
Quando a triste Ignorância, que deseja
Arrancar dentre os ásperos perigos
Aos seus Heróis, por boca de Gonçalo
Começou a falar. "Se tantas vezes
Mais que heroico valor tendes mostrado,
É este o campo, ide a cortar os louros
Para cingir a vencedora frente.
Não se diga que fostes oprimidos
Por fraca e rude plebe; este combate
Não se pode evitar: só dois caminhos
Em tanto aperto aos olhos se oferecem.
Escolhei ou a Índia, ou a Vitória."

Disse, e depois abrindo uma janela,
Arroja de improviso sobre o povo
De informe barro uma espantosa talha.
Seco trovão que faz gemer os Polos
Quando vomitam as pesadas nuvens
Do oculto seio a negra tempestade,

Não causa mais pavor: ao golpe horrendo
Muitos feridos, muitos assombrados
Mancham de negro pó as mãos e o rosto.
Amaro anima aos seus e enquanto voam
Contra a janela mil pesados seixos,
(Que novo estratagema!) o Antiquário
Finge da capa um vulto, que aparece
De quando em quando, com que atrai as armas,
Que hão de servir depois para a defesa.

Novo furor os corações acende.
Qual a grossa saraiva ao sopro horrível
Do Bóreas turbulento embravecido
As searas derrota, os troncos despe,
E o triste lavrador contempla e chora
A perdida esperança de seus frutos:
Assim de pedras vaga e densa nuvem
Sai da janela a devastar o campo:
As que arroja o Herói já se distinguem
Pelo som entre as mais, já pelo estrago.
A confusão e o susto ao mesmo instante
Pelo povo se espalha: então Gonçalo
Valeroso saiu por um postigo;
Depois Gaspar; o intrépido Tibúrcio,
Metendo o braço e a cabeça, clama
Que o não deixem ficar naquele estado.
O Herói as mãos firmando na orelha
Ainda mais o aperta e deixa exposto
Da plebe ao riso, à cólera de Amaro.
Quantas vezes Tibúrcio desejaste

Não ser de grosso peito e largo ventre!

O Desertor enfim cansado chega
À presença do Tio formidável,
E a teimosa Ignorância, que se aferra
E que afirma somente porque afirma,
O coração de novo lhe endurece.
A sofrer o trabalho dos estudos
O Tio o anima e roga e ameaça,
Mas o Herói inflexível só responde,
Que não há de mudar do seu projeto.
Não é mais firme a carrancuda roca,
Com que Sintra soberba enfreia os mares;
Nem tu, ó Pão de Açúcar, namorado
Da formosa Cidade, Velho e forte,
Que dás repouso às nuvens e te avanças
Por defendê-la do furor das ondas.

Então falando o Tio em torpes crimes,
E em furtadas Donzelas, ergue irado
Co'a mão inda robusta o pau grosseiro,
E a paixão desabafa: a longa idade
Proíbe-lhe o correr; mas não proíbe
Que o pau com força ao longe o acompanhe.
Ai, Gonçalo infeliz, que dura estrela
Maligna cintilou quando nasceste!
Depois de mil trabalhos insofríveis,

227 Sintra] Serra, que acaba na foz do Tejo com nome do cabo da Roca.

228 Pão de Açúcar] Grande rochedo na barra da baía do Rio de Janeiro.

Onde o gosto esperavas e o sossego,
Viste nascer estragos e ruínas.
Assim depois dos últimos combates,
Que as margens do Escamandro ensanguentaram,
O Rei potente d'Argos e Micenas,
Esperando abraçar saudoso os Lares,
Abraça o ferro duma mão traidora.
Fechadas tem o experto Tio as portas:
Volta Gonçalo, encontra novos golpes
E jaz enfim por terra. Ferve o sangue
Da boca e dos ouvidos; sem acordo,
Apenas se conhece que inda vive;
Mas tem glória de trazer consigo
A derrotada estúpida Ignorância.
Ela reina em seu peito e se contenta
De ter roubado aos muros de Minerva
De fracos Cidadãos o preço inútil.

Goza, Monstro orgulhoso, o antigo Império
Sobre espíritos baixos que te adoram;
Enquanto à vista dum Prelado ilustre,
Prudente, Pio, Sábio, e Justo e Firme
Defensor das Ciências que renascem,
Puras as águas cristalinas correm
A fecundar os aprazíveis campos.
Brotam as flores e aparecem frutos.
Que hão de encurvar com próprio peso os ramos
Nos belos dias da estação dourada.
Possa a robusta mão, que o Cetro empunha,

245 O Rei potente] Agamenon, que voltando do cerco de Troia foi assassinado por Egisto.

Lançar-te num lugar tão desabrido,
Que te sejam amáveis os rochedos
Onde os coriscos de contínuo chovem.

270 rochedos] Os montes Acroceraunos de Epiro, onde frequentemente caem raios.

SONETO

A Terra oprima pórfido, luzente
E brilhante metal, que ao Céu erguidos
Os altos feitos mostrem esculpidos
Do Rei que mais amou a Lusa Gente.

Esteja aos Régios pés Dragão potente,
Que tanto os povos teve espavoridos,
C'os tortuosos colos suspendidos
No gume cortador da espada ardente.

Juntas as castas filhas da Memória,
As brancas asas sobre o Trono abrindo,
Assombrem a dourada e muda História.

Ao Índio livre já cantou Termindo.
Que falta, Grande Rei, à tua Glória,
Se os louros de Minerva canta Alcindo?

E. G. P.

SONETO

Enquanto o Grande Rei co'a mão potente
Quebra os grilhões do Erro e da Ignorância,
E enquanto firma, com igual constância,
À Ciência imortal, Trono luzente,

Nova Musa de clima diferente
Canta do Pai da Pátria a vigilância,
Vingando a Mãe das luzes, da arrogância
Com que a despreza o estúpido indolente.

O Monstro de mil bocas sem sossego,
Que a Glória de José vai repetindo
Ou sobre a Terra ou sobre o imenso Pego:

Com ela o nome levará de Alcindo
Desde a invejada margem do Mondego
Ao pátrio Paraguai, ao Zaire, ao Indo.

L. F. C. S.

GLOSSÁRIO

açafroado: da cor do açafrão, amarelado, 98

Acaso: figura alegorizada no poema como filho da Fortuna, constituindo a verossimilhança da resolução rápida para alguns nós do enredo cômico, 74, 106, 109

Aiuruoca (sertão de): região da Capitania de Minas Gerais, assim chamada até hoje. As referências a "Ajuruóca", como está grafado na primeira edição, e aos papagaios foram valorizadas como paisagem brasileira pelas críticas românticas e modernistas, entendida como incorporação, no poema pombalino, de elementos da região em que o autor passou os primeiros anos. Em primeiro lugar, as referências a esses elementos locais, como também ao jaguar e ao jacaré, são mediadas pelos livros que tratam matérias dessa natureza, e não pela simulação de uma experiência direta. Além disso, no entrecho, tanto o "Certaõ de Ajuruóca" quanto os papagaios são elementos de um símile de caráter cômico, baixo. Essa última circunstância mesma já bastaria para afastar a interpretação que imputa sentimento nacional pela valorização da cor local, no poema, 82

Alcides: outro nome de Hércules; no poema, "um copo digno de Alcides" comicamente inverte a matéria heroica da referência mitológica; usando a tópica comparação com o grande semideus grego em discurso de louvor, "digno de Alcides" representa o excesso de bebida no copo, o que comicamente definia parte do caráter dos tipos irrisórios que o poema herói-cômico põe em cena, 74, 88

Amor: o Cupido, famoso por ter em sua aljava flechas de ouro e de prata, que correspondem ao amor correspondido e ao amor desprezado, 83, 85, 90, 98, 101–103, 106, 107, 109

anacoreta: monge eremita cristão. No poema, a Ignorância, já travestida de Tibúrcio, faz seu personagem passar por um Anacoreta para ganhar o crédito com o velho Amaro, que se apresenta como um crédulo medroso de coisas sobrenaturais, 91

Anfitrite (campos de Anfitrite): divindade marinha, esposa de Posídon e irmã de Tétis. Campos de Anfitrite, isto é, o mar. Na imagem do poema: o sol já se tinha posto detrás do mar, 73

Aqueronte: rio que na mitologia ficava à entrada do Hades, o reino dos mortos; foi apropriado na *Divina comédia* e em outros textos para a representação da entrada do Inferno, 101

Aquilon e **Austro**: os ventos setentrional e meridional, respectivamente, representados mitologicamente conforme a convenção, 81

Aristóteles (século IV a.C.): filósofo grego mais importante para muitas doutrinas de autoridades sapienciais do Catolicismo romano. Em alguns momentos, como nos séculos em que a Companhia de Jesus prosperou em muita parte, era reconhecido como "o Filósofo", às vezes como "divino Aristóteles". Sobre ele, costumou-se dizer que era, filho de médico, nascido em Estagira em 348 a.C. Depois de haver ficado vinte anos ao lado de Platão, fundou o Liceu onde passa a ensinar filosofia a cidadãos gregos. Mesmo com a remoção do ensino jesuítico em todas as partes do reino, com a política antijesuítica de Sebastião José de Carvalho e Mello, que pôs em descrédito o termo "peripatético", método associado a velhos hábitos jesuíticos, até o final do século XVIII é recorrente o seu nome como *autoridade* para as diversas artes e ciências (Ver **peripatéticos**), 51, 53

Augusto (século I a.C.): título honorífico dado pelo senado romano a Otávio, nomeadamente o primeiro imperador de Roma, sobrinho e filho adotivo de Júlio César, 81, 95, 97

Batrachomyomachia: isto é, *A batalha dos Sapos e do Rato*, é uma épica burlesca, inventada com matéria baixa, referida na *Poética* de Aristóteles. Atribuída por alguns a Homero e por outros a Pigres, é conhecida por parodiar inúmeras passagens da *Ilíada*. A *Batrachomyomachia* é aqui, portanto, a primeira autoridade da espécie poética de que trata o discurso de Silva Alvarenga (Ver **Poéticas**), 53

bexigas: nome usual para a varíola, pelo seu sintoma mais típico, a irrupção de bolsas purulentas na pele; tem caráter muito letal e contagioso, e deixa as cicatrizes na pele a quem sobrevive à doença, 92

Bóreas: figura mitológica que representa um dos ventos filhos de Éolo com a Aurora; "o Norte fresco", como é mencionado no início do canto II, é também famoso por trazer tempestades, 114

Canícula: como diz a nota de Silva Alvarenga, nome de constelação; devido à sua posição, o seu aparecimento no céu, está associado ao período de calor mais intenso no hemisfério norte, 83

carro do Sol: lugar comum da representação mitológica do Sol, puxado por cavalos divinos, 73

casuístas: teólogos que, segundo encadeamento de premissas lógicas, examinam casos morais da consciência do pecador. Foram postos em descrédito pelo Iluminismo assim como pela política pombalina na reforma do ensino. Identificados ou não com o casuísmo *stricto senso*, Diana, Bonacina, Tamburino, Moia, o Sanches português e o Sanchez espanhol, Molina e Lagarra, além do próprio Concina, que aparece na nota, são nomes de autores em teologia, jurisprudência, política, moral, ciências e artes, enfim, tratadistas em geral que particularmente vogaram muito no tempo dos jesuítas, mas que foram desacreditados, uns mais, outros menos, neste fim de século XVIII em que sai *O* *desertor*. Na sequência do canto v, títulos de livros e outros autores são citados em tom depreciativo, como efeito do que na província se lia, devido ao antigo ensino que por causa dos jesuítas ainda era ministrado na Universidade de Coimbra, até a Reforma de 1772, 111

cepa, filho de: linhagem, filho de nobre casta. No século XVIII, é uma tópica da poesia simpótica – isto é, poesia para o banquete (*symposium*) – começar louvando o varão jovem pela sua cepa, pela sua linhagem nas gerações de varões ilustres das monarquias europeias, 74

choça: casa pobre de gente rústica. Na representação dos tipos piores, o desconfiado Rodrigo, assim representado como um rústico, volta com gosto para o seu casebre, porque não temia a ira da mãe que ele lá encontraria maldizendo a escolha do filho. Conformado à vida pior, prefere mesmo não receber as distinções que as letras poderiam oferecer, 71

Cipião: alusão a Dom Sebastião, rei de Portugal morto em Alcazar Quibir, na África, em referência ao general romano Emílio Cipião, o Africano, que conquistou Cartago, cidade de África tornada célebre em relatos históricos de guerra, que foi antigamente cabeça de um grande Império na costa de Barbeia, perto de Túnis, 59

colérico: tipo de constituição física determinada pela bílis amarela, segundo os regimes de classificação dessa medicina, 78

cômico (poesia cômica, comédia): nas poéticas do século XVIII, cômico é a qualidade das matérias piores, a natureza das ações, das paixões e dos costumes dos homens vis, politicamente inferiores e deformados moralmente. São tidos por cômicos textos fingidos em estilo baixo imitando os tipos piores, 52, 53

Culex: poema atribuído a Virgílio que trata de assuntos inferiores. Relata a morte de uma mosca por um pastor e o retorno desta para alertá-lo dos perigos do inferno. O *Culex* é aí o modelo latino para a poesia épica de matéria cômica, 53

dedicatória: parte das obras em que se declaram os protetorados que as mantêm em relações de favor previstas nas leis e no costume. Em geral, a dedicatória é posta no princípio dos livros às vezes na forma de cartas dedicatórias, sonetos, odes, antepostos aos poemas, às vezes como parte dos próprios poemas. Este último uso, que é o caso de *O desertor*, é respaldado pela dedicatória de *Os lusíadas* de Camões, 56

Elvas: cidade nas fronteiras ao sul de Portugal, no Alentejo, onde a nota do autor refere ter havido batalhas que constituiriam novas aristocracias após a Restauração da Monarquia portuguesa, que aclama o herdeiro da casa de Bragança. No poema, Gaspar perdera a espada na briga, quebrando-a ao errar o alvo e acabar acertando o tronco de uma oliveira. Além de assim demonstrar inépcia no manuseio das armas, dizia que aquela espada tinha sido herdada de gente que a usara partindo um castelhano ao meio, nos últimos anos das guerras de Restauração contra os espanhóis. Esse louvor dos passados heroicos o constitui um tipo parecido com Bertoldo, o afidalgado, porque como este gaba-se de antepassados ilustres, uns da Lombardia, na Itália, outros em Elvas, no Alentejo, 78

empavesado: enfeitado como um pavão, emblema da vaidade; no poema, o termo é empregado sobre o tipo afidalgado, empavesado de feitos heroicos que não pode dizer que fez, por demonstrar-se mais de uma vez, mas como suposto herdeiro de antigos heroísmos não perde a arrogância com que despreza todos em redor, 72

épico (poesia épica): poesia de modo misto, isto é, que imita fazendo uso da palavra ora o poeta ora os caracteres agentes, por quem o poeta se faz passar. Tendo como modelo sobretudo a poesia homérica mais famosa, a *Ilíada* e a *Odisseia*, a épica se confunde com a narrativa heroica, isto é, a imitação de matérias elevadas, em versos heroicos, falando das *res gestae*, os feitos ilustres dos reis e chefes cujas ações arriscadas foram dignas da memória, 52

fábula: até o século XVIII, a fábula é o conjunto das ações imitadas na ficção poética, o enredo, ou entrecho inventado pelo poeta como trama de eventos encadeados segundo a verossimilhança e a necessidade, 61

Fama: em grego *kléos*, finalidade dos cantos heroicos da epopeia; no poema aparece ora alegorizada em um carro conduzido pelos ventos Austro e Aquilon, ora mencionada como fim moral da poesia, ou melhor, como a causa de seu *movere*, porque o desejo de fama, neste sentido, deve mover os leitores e ouvintes do poema às virtudes, por imitação e emulação das virtudes dos heróis imortalizados pela fama, 81

filhas da Memória: as filhas de Mnemosine são as nove Musas do Parnaso, que, segundo o mito antigo e as convenções retórico-poéticas que o apropriaram sob diversas interpretações em diversos séculos, eram entidades ou alegorias poéticas que promoviam as artes: Clio (preside a história), Erato (preside a lírica), Euterpe (a música), Melpômene (a tragédia), Polímnia (os hinos), Talia (a comédia), Terpsícore (a dança), Urânia (a astronomia) e Calíope (a eloquência), 58, 119

física, **filosofia racional** e **história natural**: com a Reforma dos Estatutos da Universidade, entra em Coimbra com mais força os estudos das *físicas*, como se costumava dizer, e de alguns novos métodos como os de Gassendi e Descartes, assim chamados "filosofia racional", e afamados em Portugal como de grande uso nos grandes centros de sapiência na Europa. Nesse mesmo período, passa a haver em Portugal quem aplicasse os princípios de Newton, como o professor de matemática e cavaleiro professo da Ordem de Cristo, Garção Stockler, quem mencionasse Galileu, como autor da ciência nova que substituiria os métodos dialéticos dos professores aristotélicos do tempo dos jesuítas. (ver **peripatéticos**) Cabe ressaltar que no fim do elogio da Física, a Verdade interrompe sua enumeração lembrando que não houve ciência que não fosse por ela reconduzida à Universidade e que é por ela, a Verdade, que se sustentam o Estado e a Igreja, pedindo que quanto a isso testemunhem as musas do Parnaso, isto é, a poesia e as demais belas artes que, como o próprio poema de Silva Alvarenga, louvam e atestam as virtudes de tal ação política do gabinete do Marquês, que aí impõe a sua representação, 96

Fortuna: divindade romana reconhecida como mudável, porque governa a roda da vida, que a um movimento faz descer os maiores e subir os menores. Ora como representação alegórica, ora mais como noção moral que alerta os presunçosos, no poema a fortuna, substantivo comum, é mencionada, por exemplo, no argumento do afidalgado Bertoldo, segundo o qual, embora pobre e já desmecerecido, o seu passado – a má fortuna da família – não altera o sangue de sua linhagem. Alegoricamente, a Fortuna aparece, no canto IV, impaciente já com as queixas que lhe dirigia o apaixonado Rufino; razão por que resolve que o Acaso, seu filho, fizesse Rufino encontrar e salvar a moça amarrada ao bronco pinheiro à espera de lobos carniceiros, 72, 83, 85, 86, 93, 106, 109

Gália cisalpina: norte da Itália, ao sul dos Alpes, Lombardia, Vale do Rio Pó, 72

gótica escritura: referência depreciativa geral para as coisas velhas da biblioteca do tio de Gaspar; especificamente, refere-se à jurisprudência gótica, isto é, às compilações do direito visigodo, que eram ensinadas como fontes do sistema jurídico-português, 113

heroico (poesia heroica, matéria heroica): é a qualidade das matérias melhores, a natureza dos feitos, dos afetos e do caráter dos heróis. Para a invenção heroica, imitam-se as ações dignas dos *melhores*, louvando os varões ilustres em ações extraordinárias, como grandes guerras ou grandes viagens, 52, 113

Homero: até o século XVIII, Homero é referido como primeira *autoridade* da poesia pagã antiga. Por isso, e acrescidas as referências das autoridades filosóficas que o mencionavam, Homero é modelo para tudo o que se trate da composição de versos ficcionais, isto é, para a Poesia, em especial para a poesia épica, mas também para a tragédia (ver **Épico**) , 53

Ignorância: vilã da história; é apresentada como alegoria, personificada como uma entidade existente por si mesma, a qual se transfigura em Tibúrcio, um antigo estudante malogrado que vivia de vender objetos usados, sempre em tabernas e envolvido em todos os demais descaminhos que se supunham à vida estudantil, 57, 58, 60, 65, 83, 85, 91, 96, 113, 115, 116, 120

imitação da natureza: em tratados de poética que circularam no século XVIII é comum a poesia ser referida como *imitação da natureza* (física ou moral). Tanto na *Retórica* como na *Poética*, Aristóteles diz que a imitação é inata no homem. Desde o século XVI pelo menos, a descoberta, as traduções e apropriações da *Poética* de Aristóteles puseram em evidência diversas interpretações da Poesia como *mímesis*. Basicamente a Poesia é um fingimento honesto que pode ensinar as virtudes por diversos meios, modos e assuntos. Os assuntos concernem à matéria dos discursos, são aquelas coisas sobre que recai a escolha na invenção retórica. Na definição aristotélica, as coisas que se imitam são os diversos sujeitos ou matérias da poesia, as virtudes, as histórias, as plantas, os animais, assuntos da História, que, como arte de discurso, deveria imitar o particular como verdadeiramente teria sucedido, enquanto a poesia deveria imitar o universal, fingindo-o como um particular composto como convém que seja. A Natureza inclui as coisas humanas e as demais matérias de que o discurso pode tratar. A Natureza das coisas que são escolhidas para imitar poeticamente fornece modelos para fingir, com verossimilhança e com verdade, no universal ou no particular, para utilidade e deleite dos homens que se comprazem na imitação. No caso da poesia, a imitação é muitas vezes feita em versos mas, conforme a *Poética* de Aristóteles, não exclusivamente o verso define a poesia, que pode ser em prosa, desde que seja imitação, 51

Indo: rio asiático (ver **Paraguai**), 120

indústria: no século XVIII português, o termo é referido principalmente como destreza, sutileza, engenho ou habilidade em uma arte; em alguns usos neste fim do século XVIII, "indústria" já é referido como a destreza humana nas novas técnicas de processar manufaturas que se tornam objeto de comércio entre as nações do mundo. Neste último sentido, mais raro inicialmente, e mais recorrente com o fim do século XVIII e início do XIX, será identificado com os modernos processos de manufatura que daria principalmente ao império britânico o lugar de maior força no comércio internacional, 57

invocação: artifício retórico utilizado à imitação de Homero,

Hesíodo e outros. Encenando a poesia como resultado do furor de um *entusiasmós*, de uma possessão divina, invocou-se no início dos poemas seja uma musa, seja o conjunto delas, seja ainda a deusa da memória, e daí também a Virgem Maria ou os Anjos, em adaptações católicas do artifício, para que as entidades superiores inspirassem o canto, mesmo quando era feito com arte e método (ver **filhas da Memória**), 56

ismaelitas: já foram chamados mouros e agarenos, descendentes de Agar, mãe de Ismael. Também se chamaram Sarracenos, nome que lhes deu Mafoma, como os portugueses designavam Maomé, ou Muhamed, profeta fundador do Islã, que se presumia descendente da casta de Sara, mulher legítima de Abraão, 59

Janeiro: no poema, nome próprio de um *doméstico*, funcionário de hospedaria, representado como tipo traiçoeiro. O nome, que equivale a Januário, por exemplo, já indica essa tipificação do caráter, porque Janus é a divindade de duas caras, que, em usos vituperantes, tem valor de hipocrisia, falsidade, pouca confiança. Não se confunda esse uso com a natureza da divindade que tem duas caras porque fica nas portas das cidades, desejando boas vindas alegremente e boa viagem com tristeza, 65

longobardos, ou Lombardos: povo germânico que, no tempo das assim chamadas invasões bárbaras, ocupou o Norte da Itália (ver **Gália Cisalpina**). Constituíram um reino que, depois de cristianizados os chefes, foi chamado *Regnum Italicum*, donde sairiam cavaleiros cruzados, cujo mérito antigo Bertoldo, o afidalgado, requeria para si, apesar da má fortuna, 72

louros: folhas de louro com que se coroavam os vencedores. Simboliza a glória nas armas ou nas letras, distinguindo os melhores lutadores, os melhores atletas e os melhores poetas. Os "louros de Minerva", como se diz no poema, representam o reconhecimento da vitória no conhecimento, de que Minerva é patrona. No poema, são esses os louros que os heróis perderam, 58, 89, 97, 113, 119

Lucrécio (Tito Lucrécio Caro, século I a.C.): poeta latino, escolado na doutrina de Epicuro, a qual expôs em verso, nos seis livros do *De rerum natura* (*Sobre a Natureza das Coisas*) mencionado como fonte do ensino epicurista no mundo romano. Foi quase sempre lido em âmbito católico como fonte de verdades físicas, mesmo que fossem impugnados como heresia os principais fundamentos da doutrina de Epicuro. No "Discurso" de Silva Alvarenga, Lucrécio, mencionado ao lado de Aristóteles e logo, com as notas, ao lado de Marcgrave e Lineu, constitui autoridade da física, isto é, em conjunto são esses autores que sua erudição escolhe para produzir o crédito do discurso exordial sobre a natureza e a arte do poema herói-cômico. As autoridades dos séculos IV ou I a.C. são compatíveis com os autores dos séculos XVII e XVIII, como sistemas classificatórios das *naturalia*. A singularidade dos autores não obsta sua participação no mesmo gênero de matéria, a *physis*, 51

Lutrin: poema herói-cômico composto por Nicolas Boileau-Despréaux (1636-1711). Boileau foi uma das principais autoridades francesas da arte poética antigongórica e antimarinista que no final do século XVII, desqualificou o estilo de poetas italianos e espanhóis famosos pela acumulação de agudezas, pelas dificuldades elocutivas, pelo excesso no emprego de figuras etc. Ficou, por isso, conhecido como "teórico" da poesia dita "neoclássica", talvez o mais importante autor moderno para as reformas no estilo da poesia e da eloquência portuguesa no período que ficou conhecido como restauração das letras em Portugal, desde a publicação do *Verdadeiro método de estudar*, de Verney, no final dos anos de 1740, e depois principalmente por efeito da política pombalina contra os hábitos e métodos empregados pelos jesuítas e substituição por modelos prediletos dos padres oratorianos, 53, 58

Marcgrave (Georg Markgraf, 1610-1648): autor, com Guillelmo Piso, de *Historia Naturalis Brasiliae* (1648), livro dedicado a Maurício de Nassau, que representa as plantas e animais do Brasil, além dos costumes dos indígenas (ver **Lucrécio**), 89, 102

Marfisa: personagem do *Orlando Furioso*, de Ariosto, e do *Orlando Enamorado*, de Boiardo. No poema, Marfisa, que tem o peito de bronze para o Amor, só é mencionada para colocar o Cupido em cena treinando suas vinganças contra ela e, para isso, usando os corações de Doroteia e de Cosme como alvos, o que terá consequências penosas para ambos e para a própria companhia (ver **Amor**), 101

Margites: na *Poética*, de Aristóteles, preservam-se alguns dos poucos excertos que se conhecem desta sátira, referida, principalmente, como espécie poética reconhecida pelo seu metro, jâmbico, por isso chamada poesia jâmbica. Diz-se que esse poema de natureza satírica, hoje perdido, foi atribuído por Aristóteles a Homero e outros o atribuíram a Pigres, um ateniense anterior ao tempo de Xerxes, 53

Marquês de Pombal: Sebastião José de Carvalho e Melo (1699-1782) foi embaixador em Londres e em Viena, durante o reinado de Dom João V. Com a ascensão de Dom José I, foi nomeado ministro dos negócios estrangeiros, depois Ministro de Estado plenipotenciário. Governou Portugal como um ditador, durante praticamente todo o reinado de D. José I, de 1750 a 1777. Foi preso depois da ascensão de Dona Maria I.

Tornou-se Marquês de Pombal somente em 1769, título acumulado sobre o de Conde de Oeiras, recebido em 1759 (ver "Introdução"), 56, 58

Marte: Ares para os gregos, deus da guerra e da discórdia; conforme os gêneros e as circunstâncias discursivas. No poema, é às vezes vituperado – "o homicida Marte", no canto III – pelos danos das *tristia bella* (as tristes guerras), mas em outras circunstâncias, que previssem outros decoros, poderia ser alegorizado para constituir o louvor na representação de virtudes guerreiras, que concernem às vitórias dos reis e grandes senhores, as *res gestae* (os feitos ilustres), matéria da poesia heroica, 87

melancólico: tipo de constituição anímica e física que, segundo a fisiologia antiga, é causada pela bílis negra, que conformaria as disposições do ânimo de quem sofre de melancolia. No poema é sobretudo essa acepção patológica que se aplica tanto a Rodrigo, como a Cosme, que sofrem disso por se deixarem sempre enamorar além da medida da razão, como o poema judica mais de uma vez, 71, 99

Minerva: Palas Atena para os gregos; deusa da sabedoria, representada com elmo e lança. Aparece no poema sempre como alegoria das ciências reformadas em Coimbra. Assim, "os muros de Minerva", de onde fugiram os desertores, são os muros da Universidade, 116, 119

mocho: ave noturna e carnívora como as corujas, 83

Mondego: rio de Coimbra, que nasce na serra da Estrela e desagua junto à Figueira da Foz, 56–58, 60, 65, 69, 71, 81, 96, 120

morgado: herança patrimonial exclusiva do primogênito. Criado pelo tio, Gonçalo mente descaradamente a sua própria condição para a amante, 67

neto imortal: Dom José de Bragança é referido como herdeiro de Dom José I, que não tivera filho varão. O neto morreria uma década depois do avô, sem deixar herdeiro, o que faria de seu irmão, o futuro Dom João VI, o sucessor de Dona Maria I, 95

Niso e **Euríalo**: duas personagens troianas representadas no canto IX da *Eneida* de Virgílio, 101

pai da Pátria ou *pai do Povo*: designação de Dom José I nos discursos encomiásticos e em documentos oficiais, 81, 95, 120

Paraguai: rio Paraguai, chamado no soneto final de L.F.C.S., "pátrio Paraguai" porque o autor de *O desertor* era americano. Na enumeração – Paraguai, Zaire e Indo, os três rios são mencionados em alusão aos três continentes por onde se estendiam os domínios de Portugal. Seguindo os influxos do Mondego, os rios constituem um emblema dos efeitos da Reforma da Universidade em todas as dominações portuguesas, 120

pego: variante de pélago, referindo-se ao mar, 120

peripatéticos: da escola de Aristóteles. "Filósofo peripatético" equivale a dizer "filósofo aristotélico". Com a política pombalina, o aristotelismo português foi desqualificado, e daí que o termo "peripatético" apareça nas letras pombalinas em sentido pejorativo. Ter se perdido nas questões do *Peripato* é causa do fracasso acadêmico da personagem Tibúrcio, por exemplo, que estudara no tempo dos jesuítas. Costuma-se usar "peripatético" no século XVIII para distinguir no vitupério os maus seguidores e a verdadeira doutrina do Filósofo, lido por muitos santos padres da Igreja (ver **Aristóteles**), 62, 63, 96

pichel: recipiente grosseiro, caneca, 74

Platão (século V e VI a.C.): filósofo referido no século XVIII como doutrinador dos preceitos morais de Sócrates, como fundador da *Academia* em Atenas e como mestre de Aristóteles. Este último teria dissentido dos princípios do mestre, mas as duas doutrinas foram harmonizadas por mais de um intérprete e comentador entre os Padres da Igreja. O mais célebre arranjador da tese da harmonia entre Platão e Aristóteles, foi Boécio (século V–VI d.C.). , 53

Poética: as Poéticas são textos de doutrina prática que ensinam os princípios da arte e os procedimentos técnicos que regram as várias espécies de poesia. Em textos impressos até o fim do século XVIII, encontram-se referências a conceitos retórico-poéticos gregos e latinos que prescreviam procedimentos para os efeitos da poesia, conforme os fins de cada gênero e de cada espécie de poemas. A primeira autoridade conhecida em Poética é Aristóteles, que define a Poesia como imitação de caracteres, afetos e ações, mas a sua poética só foi conhecida em âmbito europeu, entre os séculos XV e XVI. Platão fala de poesia mas esparsamente em diversos diálogos que mencionam ora uma ora outra espécie poética, tratando-as como um costume. Como arte imitadora, a Poética é para Platão produtora de inverdades e causadora de paixões; de ambos os efeitos deveriam fugir os filósofos de sua escola, razão pela qual a poesia em geral é recusada pela filosofia platônica (ver **Aristóteles**, **imitação da natureza**, **Platão** e **República**), 51, 53

pórfido: cor púrpura, referindo-se ao bronze da estátua, 119

República: livro renomado de Platão, emulado por Cícero, cujo assunto é a constituição da ideia de cidade perfeitamente governada, representação filosófica da *pólis* melhor que o possível. Nessa cidade filosófica, mesmo os poetas que pintam os homens melhor que o possível, como a maior parte dos poetas trágicos, não teriam seu ofício reconhecido, porque nela não deveriam entrar as artes miméticas, bem como não entrariam os imitadores de Homero, ainda que, para o Sócrates de Platão, Homero fosse o melhor que era possível haver para a educação ateniense. Não são expulsos da cidade os Poetas em geral, mas conforme as espécies discursivas que produziam. Por exemplo, a poesia que produz o riso acerca do feio, do torpe, do desprezível, para Platão, não ensina virtudes, como outras tradições de opiniões fariam crer, e como *O Desertor* também pressupõe. Na *República*, a poesia *lírica*, ou *mélica*, entendida como o louvor das virtudes dos heróis, é o único tipo de canto que a cidade perfeita admitiria; porque aí o louvor dos feitos não inclui a *mímesis*, isto é, o poeta não fala pelas personagens, alterando o próprio *ethos*, mas usa sempre a voz própria (ver **imitação da natureza**, **Platão**), 53

romance vulgar: no poema, designa-se por essa expressão um gênero de livros, quase sempre moralidades, que narrativamente ou não ensinavam, embora com pouca arte, os bons costumes, a boa consciência, os perigos das paixões etc. Mais de um título de livros assim é mencionado no poema, em tom evidentemente desqualificador sempre; são obras que tendo sido famosas entre o vulgo logo se tornam esquecidas. Por exemplo, no embuste da prisão, o herói lembra-se de passagens de romances vulgares, como *Alívio de tristes* ou *Cristais d'alma* para fazer suspirar a moça enganada, Doroteia, filha do carcereiro, para que os libertasse. A arte desses livros é vituperada no próprio poema como áspero estilo e hiperbólicas finezas, 62, 94

Secchia Rapita: poema em doze cantos de autoria incerta, atribuído a Tassoni, primeira autoridade moderna na poesia herói-cômica. O *Secchia rapita* tem por matéria heroica a guerra entre os bolonheses e os modenenses na época do imperador Frederico II. É tido por referência para a composição dos cantos de *Lu-*

trin, de Boileau, e de *Rape of the Lock*, de Alexander Pope, 53

Tassoni: Autor do livro *La secchia rapita* emulado nos séculos XVIII e XIX, como inventor moderno do poema herói-cômico. As circunstâncias de sua vida são obscuras, alguns referem a ele como sendo Torquato Tasso, autor do poema heroico *Jerusalém libertada*, 53

Termindo Sipílio: nome de Basílio da Gama na Arcádia de Roma. No primeiro soneto que termina *O desertor*, Termindo é citado como o que cantou a liberdade dos índios; bem entendido, a libertação dos índios é narrada em *O Uraguai* como a guerra que os dizima para os tirar da custódia dos padres da Companhia de Jesus, 119

tibornas e magustos: a nota do autor aos dois termos explica o que sejam. O fato de estarem em nota os dois termos é um uso análogo das notas para Aiuruoca ou Tatu: trata-se de coisas insignificantes para os leitores mais ilustres do poema, que no limite era até mesmo o Marquês de Pombal. Nos versos, os dois termos, que têm provavelmente uma circulação vulgar, devia dar comicidade à declaração de amor de Gonçalo, que depois de falar em laços eternos de amor, pinta a felicidade como a mulher fazendo pão com linguiça., 67

tipos: em textos poéticos como em textos históricos, os tipos são inventados como *ethos*, caracteres, modelos de virtudes e vícios, fingidos com palavras, com mais ou menos harmonia, números e tropos, imitados conforme os seus costumes, os afetos e os feitos de homens que verdadeiramente existiram, ou que foram concebidos pelo engenho de algum poeta (Ver **imitação da natureza**), 66, 70

tíria: feminino tírio, oriundo da cidade de Tiro, famosa pela cor escarlate dos pigmentos que produzia, 98

trágico (poesia trágica): poesia puramente mimética, isto é, que imita os caracteres agindo diretamente. Tendo como modelo principalmente Ésquilo, Sófocles e Eurípedes, a tragédia está incluída no mesmo gênero de matéria da epopeia, e suas matérias particulares costumaram ser tiradas das narrativas homéricas, imitando também ações, afetos e caracteres de homens melhores (*aristoi*). Se por um lado pertence ao mesmo gênero da epopeia, por outro pertence ao mesmo gênero de enunciação que a comédia, por imitar as personagens diretamente, 52, 53

Ulisses: nome latino de Odisseu, rei de Ítaca, herói da *Odisseia*, poema atribuído a Homero que narra as peripécias de Ulisses após a guerra de Troia, retornando para sua casa. Enfrentando a ira de Posídon, o deus dos mares, ajudado por outras divindades, enfrentando monstros e outros perigos, perde todos os companheiros antes de ser reconduzido à sua pátria, onde entra sob o disfarce de um mendigo para junto ao filho retomar a ordem e o seu poder, ameaçado pelos pretendentes de Penélope, a esposa fiel, que não cedeu o leito e o trono na ausência do marido. Como é um poema de viagem, e não de guerra, o poema herói-cômico de Alvarenga emula, mas comicamente, a espécie heroica da *Odisseia*, assim como da *Eneida*, 78

útil e agradável: é tópica horaciana muito recorrente em textos setecentistas o preceito do consórcio do *útil* com o *agradável* como definição do mais apto na arte da poesia. Candido Lusitano assim comenta os versos de Horácio citados no fim do "Discurso sobre o poema herói-cômico": "O Poeta, pois, que quiser ter os votos de todos, dos velhos e dos moços, há de em suas obras fazer inseparável o instrutivo do deleitoso. Esta é toda a força do *pariter* (igualmente, ao mesmo tempo): isto é, não há de instruir em um lugar, e deleitar em outro; há de o deleite acompanhar sempre a instrução. Os que sabem a História Romana, bem alcançam que neste verso a palavra *punctum* vale o mesmo que *suffragia* [votos], sendo costume dos Romanos dar os seus votos por pontos." (HORÁCIO, 1778, p. 158–159), 51, 54

xaveco: embarcação mourisca que ficou conhecida pelo uso na pirataria, devido à facilidade com que permitia a abordagem graças ao seu tamanho e à disposição das velas; pelo sentido negativo atribuído ao fato de sua fabricação ser moura (ver **Ismaelita**), também pode significar simplesmente embarcações inferiores e mal aparelhadas, 77

Zaire: rio africano (ver **Paraguai**), 120

Zéfiro: Figura mitológica que representa um dos ventos filhos de Éolo com a Aurora. Vento oeste, 51, 65

TÍTULOS PUBLICADOS

1. *Iracema*, Alencar
2. *Don Juan*, Molière
3. *Contos indianos*, Mallarmé
4. *Auto da barca do Inferno*, Gil Vicente
5. *Poemas completos de Alberto Caeiro*, Pessoa
6. *Triunfos*, Petrarca
7. *A cidade e as serras*, Eça
8. *O retrato de Dorian Gray*, Wilde
9. *A história trágica do Doutor Fausto*, Marlowe
10. *Os sofrimentos do jovem Werther*, Goethe
11. *Dos novos sistemas na arte*, Maliévitch
12. *Mensagem*, Pessoa
13. *Metamorfoses*, Ovídio
14. *Micromegas e outros contos*, Voltaire
15. *O sobrinho de Rameau*, Diderot
16. *Carta sobre a tolerância*, Locke
17. *Discursos ímpios*, Sade
18. *O príncipe*, Maquiavel
19. *Dao De Jing*, Laozi
20. *O fim do ciúme e outros contos*, Proust
21. *Pequenos poemas em prosa*, Baudelaire
22. *Fé e saber*, Hegel
23. *Joana d'Arc*, Michelet
24. *Livro dos mandamentos: 248 preceitos positivos*, Maimônides
25. *O indivíduo, a sociedade e o Estado, e outros ensaios*, Emma Goldman
26. *Eu acuso!*, Zola | *O processo do capitão Dreyfus*, Rui Barbosa
27. *Apologia de Galileu*, Campanella
28. *Sobre verdade e mentira*, Nietzsche
29. *O princípio anarquista e outros ensaios*, Kropotkin
30. *Os sovietes traídos pelos bolcheviques*, Rocker
31. *Poemas*, Byron
32. *Sonetos*, Shakespeare
33. *A vida é sonho*, Calderón
34. *Escritos revolucionários*, Malatesta
35. *Sagas*, Strindberg
36. *O mundo ou tratado da luz*, Descartes
37. *O Ateneu*, Raul Pompeia
38. *Fábula de Polifemo e Galateia e outros poemas*, Góngora
39. *A vênus das peles*, Sacher-Masoch
40. *Escritos sobre arte*, Baudelaire
41. *Cântico dos cânticos*, [Salomão]
42. *Americanismo e fordismo*, Gramsci
43. *O princípio do Estado e outros ensaios*, Bakunin
44. *O gato preto e outros contos*, Poe
45. *História da província Santa Cruz*, Gandavo
46. *Balada dos enforcados e outros poemas*, Villon
47. *Sátiras, fábulas, aforismos e profecias*, Da Vinci
48. *O cego e outros contos*, D.H. Lawrence

49. *Rashômon e outros contos*, Akutagawa
50. *História da anarquia (vol. 1)*, Max Nettlau
51. *Imitação de Cristo*, Tomás de Kempis
52. *O casamento do Céu e do Inferno*, Blake
53. *Cartas a favor da escravidão*, Alencar
54. *Utopia Brasil*, Darcy Ribeiro
55. *Flossie, a Vênus de quinze anos*, [Swinburne]
56. *Teleny, ou o reverso da medalha*, [Wilde et al.]
57. *A filosofia na era trágica dos gregos*, Nietzsche
58. *No coração das trevas*, Conrad
59. *Viagem sentimental*, Sterne
60. *Arcana Cœlestia* e *Apocalipsis revelata*, Swedenborg
61. *Saga dos Volsungos*, Anônimo do séc. XIII
62. *Um anarquista e outros contos*, Conrad
63. *A monadologia e outros textos*, Leibniz
64. *Cultura estética e liberdade*, Schiller
65. *A pele do lobo e outras peças*, Artur Azevedo
66. *Poesia basca: das origens à Guerra Civil*
67. *Poesia catalã: das origens à Guerra Civil*
68. *Poesia espanhola: das origens à Guerra Civil*
69. *Poesia galega: das origens à Guerra Civil*
70. *O chamado de Cthulhu e outros contos*, H.P. Lovecraft
71. *O pequeno Zacarias, chamado Cinábrio*, E.T.A. Hoffmann
72. *Tratados da terra e gente do Brasil*, Fernão Cardim
73. *Entre camponeses*, Malatesta
74. *O Rabi de Bacherach*, Heine
75. *Bom Crioulo*, Adolfo Caminha
76. *Um gato indiscreto e outros contos*, Saki
77. *Viagem em volta do meu quarto*, Xavier de Maistre
78. *Hawthorne e seus musgos*, Melville
79. *A metamorfose*, Kafka
80. *Ode ao Vento Oeste e outros poemas*, Shelley
81. *Oração aos moços*, Rui Barbosa
82. *Feitiço de amor e outros contos*, Ludwig Tieck
83. *O corno de si próprio e outros contos*, Sade
84. *Investigação sobre o entendimento humano*, Hume
85. *Sobre os sonhos e outros diálogos*, Borges | Osvaldo Ferrari
86. *Sobre a filosofia e outros diálogos*, Borges | Osvaldo Ferrari
87. *Sobre a amizade e outros diálogos*, Borges | Osvaldo Ferrari
88. *A voz dos botequins e outros poemas*, Verlaine
89. *Gente de Hemsö*, Strindberg
90. *Senhorita Júlia e outras peças*, Strindberg
91. *Correspondência*, Goethe | Schiller
92. *Índice das coisas notáveis*, Vieira
93. *Tratado descritivo do Brasil em 1587*, Gabriel Soares de Sousa
94. *Poemas da cabana montanhesa*, Saigyō
95. *Autobiografia de uma pulga*, [Stanislas de Rhodes]
96. *A volta do parafuso*, Henry James
97. *Ode sobre a melancolia e outros poemas*, Keats
98. *Teatro de êxtase*, Pessoa
99. *Carmilla – A vampira de Karnstein*, Sheridan Le Fanu
100. *Introdução ao pensamento político de Maquiavel*, Fichte
101. *Inferno*, Strindberg

Edição _ Iuri Pereira

Coedição _ Bruno Costa e Jorge Sallum

Capa e projeto gráfico _ Júlio Dui e Renan Costa Lima

Imagem de capa _ "Asta su abuelo", trigésima nona gravura da série *Los caprichos* (1799), de Francisco José de Goya y Lucientes (1746–1828)

Programação em LaTeX _ Marcelo Freitas

Revisão _ Iuri Pereira

Assistência editorial _ Bruno Oliveira

Colofão _ Adverte-se aos curiosos que se imprimiu esta obra em nossas oficinas em 10 de maio de 2010, em papel off-set 90 gramas, composta em tipologia Walbaum Monotype de corpo oito a treze e Courier de corpo sete, em GNU/Linux (Gentoo, Sabayon e Ubuntu), com os softwares livres LaTeX, DeTeX, VIM, Evince, Pdftk, Aspell, SVN e TRAC.